KB137756

스타니슬랍스키 배우교육 II

박상하 밀양에서 태어나 부산대학교 영어영문학과에서 학·석사를, 러시아 모스크바 [슈킨대학교]에서 실기 석사(M.F.A)를, [기티스](러시아 연극예술 아카데미)에서 예술학 박사학위를 받았다.

〈국립극단〉, 〈서울시립극단〉, 〈명동예술극장〉, 〈연희단거리패〉 등에서 '스타니슬랍스키 연기워크숍'을 지도했다. 「북어 대가리」, 「결혼 피로연」, 「생일 파티」, 「담장 위에 고양이」, 「바냐 삼촌」, 「우리 마을」(음악극), 「열여덟 번째 낙타」, 「예쁘고 외로운 여자와 밤!」, 「사다리」 등을 연출했으며, 한국 연극대학 교수협의회 이사, 한국문화예술교육진흥원 중앙위원 등을 역임했다.

저서로는 『연기교육자·연출가 박탄고프』, 역서로는 『러시아 현대희곡—사랑』, 『러시아 현대희곡—그와 그녀』, 『무대 에튜드』, 『차고 넘치는 시간』 등이 있다.

현재, 극단 〈어우름〉, 〈유리가면〉, 〈시나위〉에서 상임연출을 맡고 있으며, 한국예술종합학교 연극원 연기과 교수로 재직하고 있다.

윤현숙 부산에서 태어나 부산대학교 영어영문학과에서 학·석사를, [러시아 모스크바 국립 대학교]에서 러시아문학과 석사(M.A)를 졸업했다. 현재 한국외국어대학교 통번역대학원(러시아어) 박사과정 중에 있다. (주)코리엔트, 러시아 엔지니어 리쿠리팅 팀장, (주)KS리소스, 통·번역 팀장, (주)새로모, 해외개척단 러시아/그루지야 통역팀장 등을 역임했으며, 러시아 나호트카 부시장 통역, 서울국제영화제 러시아 영화(「플레이 그라운드」, 「패어런츠 데이」, 「우연한 왈츠」) 자막 감수, 한국예술종합학교 초빙교수 나탈리야 카발료바 화술수업, 세르게이 연기수업 등을 통역했다.

역서로는 『호흡 및 선천적 발성의 발전』, 『첫사랑』, 『러시아 현대희곡—사랑』, 『러시아 현대희곡—그와 그녀』 등이 있다.

스타니슬랍스키 배우교육 II

초판 2쇄 발행일 2021년 12월 21일

지은이 G. 크리스티
옮긴이 박상하·윤현숙
발행인 이성모
발행처 도서출판 동인
주 소 서울시 종로구 명륜2가 237 아남주상복합아파트 118호
등 록 제1-1599호
TEL (02) 765-7145 / FAX (02) 765-7165
E-mail dongin60@chol.com
ISBN 978-89-5506-643-2
정가 13,000원

※ 잘못 만들어진 책은 바꿔 드립니다.

An Actor Prepares

스타니슬랍스키 배우교육 II

STANISLAVSKY

| G. 크리스티 지음 | 박상하 · 윤현숙 옮김 |

도서출판 동인

2012년 『스타니슬랍스키 배우교육 I』을 번역하고 나서 연극 동료와 선후배로부터 격려의 전화와 말을 참 많이도 들었다. 그들에게 감사의 말을 전하면서도 한편으로는 송구스러운 마음이다. 왜냐하면 다시 보면 볼수록 미진한 구석이 많음에도 불구하고 시간만 끌다보니 10여년이 흘러서 '에라이! 모르겠다. 출판부터 하고 보자.'고 생각했기 때문이다.

그래서 『스타니슬랍스키 배우교육 II』는 번역자의 능력은 차치하더라도 정성을 들이기로 마음먹었는데, 다시 읽고 또 읽어보니 그닥 그렇지도 못한 것 같다. 연출가로서 작업할 때와 비슷한 심정이다.

그러나 시원섭섭한 애물단지였던 크리스티 박사의 『스타니슬랍스키 배우교육』을 완역하고 나니 스스로에게 질문하고 답하면서 결론을 내리는 부분이 또 한 번 생기게 되었다.

첫째, 오늘날에도 스타니슬랍스키 배우교육 시스템은 여전히 유용한가? 결론은 그렇다! 한 사람의 자연인을 배우로 탄생시킨다는 것은 어쩌면 모호하고 무모할 수 있음에도 불구하고 이처럼 체계적이고 과학적일 수 있을까? 참으로 대단한 유산임에 틀림없다.

둘째, 역사를 통해 알 수 있는 것처럼 혁명과 창조는 결코 한 사람에 의해 이루어지지 않는다. 주지하다시피 스타니슬랍스키의 배우교육 시스템은 인문학, 심리학, 경제학, 무용, 음악, 미술, 영화, 자연과학 그리고 연극 예술의 선배와 동료, 후배의 업적으로 영향을 받아 형성된 거시적인 메소드이다. 특히 그의 연극 동지인 네미로비치-단첸코, 시스템의 확립자인 박탄고프, 시스템의 변형자인 메이에르홀드, 시스템의 확장자인 M. 체홉 등은 시스템의 발전에 분명한 공헌자임에 틀림없다.

셋째, 그럼에도 불구하고 스타니슬랍스키는 자신의 시스템을 '없다'고 말하고 있다. 이 말의 의미는 시스템이 시대에 따라 국가에 따라 민족에 따라 변형되는 것임을 의미한다. 그리하여 이 말은 시스템이 영원히 동시대적임을 역설적으로 밝히고자 하는 것이다. 이러한 연유에 의해 역자는 그의 시스템을 연기에 대한 개론, 기본, 근본이라고 이해하고 싶은 것이다. 그렇다면 우리는 이것을 파헤쳐야 하는 후배임에 틀림없다.

이전에도 밝힌 것처럼 크리스티의 『스타니슬랍스키 배우교육』은 연극학교에서 배워야 하는 또는 가르쳐야 하는 1학년, 2학년, 3학년, 4학년의 배우교육 프로그램에 대한 실기서이다. 〈스타니슬랍스키 (배우교육) 시스템〉은 크게 두 단계로 나눌 수 있다. 그것은 '자신에 대한 배우의 작업'과 '역할에 대한 배우의 작업'인데, 크리스티의 『스타니슬랍스키 배우교육 I』은 저학년(1, 2학년) 때의 '자신에 대한 배우의 작업'이며, 『스타니슬랍스키 배우교육 II』는 고학년(3, 4학년) 때의 '역할에 대한 배우의 작업'인 것이다.

지금 한국대학에는 연기관련 학과가 100여개 있다고 한다. 역자는 과거에 많은 연극학과에서 연기와 연출수업을 담당하면서 실제적이며 체계적인 연기교재가 있어야 한다고 늘 생각해 왔다. 그래서 우선 선택한 책이 크리스티의 『스타니슬랍스키 배우교육』이었다. 바라건대 역자의 능력이 일천함에도 불구하고 이 책은 연기교재로서는 안성맞춤이라고 생각하기에 그들에게 도움이 되었으면 하는 바람이다.

『연기교육자, 연출가 박탄고프』, 『러시아 현대희곡 —사랑』, 『러시아 현대희곡 —그와 그녀』, 〈차고 넘치는 시간〉, 『스타니슬랍스키 배우교육』, 『무대 에튜드』 등의 저서와 번역서는 역자로 하여금 참으로 많은 공부를 하게 만든 듯하다. 이제 역자의 차후 과제는 연출에 관한 유용한 책자를 번역하는 것이다. 그리고 난 후 역자의 제법 축적된 연기에 대한, 연출에 대한 본인의 책을 쓸 생각이다. 오랜 시간이 걸릴 것이라고 진작 생각했지만 마땅히 거쳐야 할 단계라고 생각한다.

늘 곁에서 연극과 연기공부를 함께 하고 역자의 연출작업 때도 모니터를 자처하고 있는 윤선생, 그리고 나의 연극작업에 언제나 자극체로 작용하는 인서, 동인의 이성모 대표님, 또한 컴맹인 역자를 위해 컴퓨터작업과 원고수정을 도와준 제자 지영, 기연, 은지, 미나, 설헌, 종현, 주연, 지원, 민주, 은송에게 감사드린다.

돌곶이에서
2014년 겨울

차례 >>
CONTENTS

4학년

3학년

1

수업 내용

    3학년을 시작하며 배우교육은 '자신에 대한 배우의 작업'에서 '역할에 대한 배우의 작업'으로 무게중심을 옮긴다. 이때 학생들은 충분히 준비가 된 상태에서 접근해야 하는데, 그 이유는 1, 2학년에서 획득한 에튜드와 장면만들기의 수행 경험을 통해 학생들이 역할의 구현으로 넘어갈 수 있도록 해야 하기 때문이다.

    등장인물의 삶을 통해 자신으로서 유기적으로 행동할 수 있는 능력이 요구되는 2학년과는 달리, 3학년의 주목표는 인물형상화를 통해 인물로서 행동하는 법을 배우는 것이다. 인물형상으로의 변신은 배우교육 프로그램의 요구사항으로서 이 시기에 처음으로 나타나며, 이것은 이후에 공연으로 자연스럽게 인도된다. 그러나 학교의 공연준비가 다른 과목의 학습에 지장을 주어서는 안 되며, 이론에 대한 학습과 '자신에 대한 배우의 작업' 또한 계속되어야 하는 것은 당연하다.

통상적으로 3학년 때부터 연기 수업은 시간 부족으로 인해 수업 시수가 줄어든다. 그래서 주요 과목의 트레이닝을 위해 공연 연습 시간이나 시기를 늘리지 않고 단축할 수도 있다. 공연의 준비기간 동안 '자신에 대한 배우의 작업'을 위한 시간을 낼 수 없다면, 극장의 작업에서는 더욱 시간 내기가 어려워진다. 여기서 우리는 다시 스타니슬랍스키 배우교육의 가장 중요한 원칙으로 되돌아가야 할 필요가 있다.

학교 공연 준비과정에서 학생들은 희곡 및 역할에 대한 작업 방법을 습득하는데, 이 중요한 교육과제는 연속적이면서도 비타협적으로 결정되어야 함을 전제로 한다.

희곡을 읽을 때 배우는 간혹 희곡의 내적 본질을 금방 알아채고 즉각적으로 인물의 삶을 살기 시작할 때가 있다. 많은 연극 예술가들의 회상록에서는 이러한 행복한 예외사항에 대해 언급하고 있다. 그러나 우리는 결코 예외사항에 기반을 두어서는 안 되며, 그것에 맞춰 교육과정을 정립하는 일은 더더욱 안 된다. 새로운 역할과 만날 때 배우는 자주 창조의 괴로움을 느끼게 되는데, 이러한 경우 아리아드나의 실과 같은 정확히 믿을만하고 검증된 메소드에 의존하는 것이 특히 중요하며, 이것은 배우로 하여금 창조적 탐색이라는 복잡한 미로에서 순조롭게 벗어날 수 있도록 도와줄 것이다.

그렇다면 이 길은 어디에 있는가? 문학텍스트를 기반으로 하여 어떻게 무대예술 작품으로 만들 것인가? 무엇으로부터 작업을 시작하고 어떤 방향으로 이끌어 나가는 것이 보다 합리적인가? 이것이야말로 배우와 연출가 앞에 제기된 질문이다. 이 문제는 예술가들의 창조 경험, 희곡의 성격, 그리고 작업 조건에 따라 다른 방향성을 띨 것이며, 또한 창조적 개성을 가진 예술가들에 의해 다양하게 해결된다.

그러나 배우로 하여금 최종 결과로 접근하게 도와주는 이러한 다양한 방법들은 무엇보다도 가장 자연스러운 여정이 되어야 한다는 것이다. 그리하여 유기적인 창조의 관점에서 볼 때 우리 예술의 요구사항에 맞는 것을 선택할 필요가 있다.

몇몇 실천가와 이론가들은 학교 공연을 위하여 어떤 특정 메소드를 연구할 필요성에 대해 전적으로 부정하기도 한다. 그들은 이것에 대하여 권장할만한 공통의 어떤 것도 없어서 그것을 가지고 예술작품을 만들 수 없다고 생각한다. 그래서 그들은 예술가가 자신의 재능, 자신의 개인적 경험, 그리고 개인적 특성에 맞는 자신만의 메소드를 만들어야 한다고 말한다. 따라서 그들은 단일 메소드의 사용이 마치 재능의 균등화로, 창조적 개성의 몰개성화를 초래할 것이라고 말하는 것이다.

그러나 메소드는 배우교육에 있어서 학생배우들 간의 차이를 없애는 것이 아니라, 오히려 배우 개인의 본성에 대한 공통점을 모색하는 데 기반을 두고 있다. 배우가 어떤 경험을 가지고 있든, 어떤 역할에 대해 작업하든, 그는 무엇보다도 먼저 다음과 같은 것을 수행해야만 한다.

1. 희곡과 만난다.
2. 희곡에서 무슨 일이 발생하였는지 연구해야 한다.
3. 작가의 구상을 이해해야 한다.
4. 희곡의 주인공 및 사건에 대한 자신의 관계를 결정해야 한다.
5. 묘사되어 있는 인물의 생각, 감정, 행동을 습득하고, 배우 자신의 몸과 목소리로써 생각, 감정, 행동을 전달해야 한다.
6. 인물형상의 구현을 위한 외적 형태를 찾아야 한다.

이처럼 역할의 습득에는 배우를 위한 공통적이고 필수적인 예술적 및 기술적 과제가 있는 것이다.

연극은 한 사람의 창조 작업이 다른 사람의 창조 작업에 영향을 주는 집단예술이기 때문에 희곡의 작업이 유기적이지 못하거나 모든 것의 결합이 어떤 메소드 밖에서 이루어진다면 제대로 결실을 맺지 못할 것이다. 이런 의미에서 메소드의 단일성은 무대적 조화 및 작품의 예술적 통일성의 형성을 위한 가장 중요한 조건이다. 그리하여 무대 예술의 최고봉으로써 기술을 가지고 있고, 현대 무대 메소드의 기반을 처음으로 깊이 연구한 스타니슬랍스키의 실제적 경험을 이용하지 않는다는 것은 오히려 비이성적이라고 할 수 있다.

스타니슬랍스키 메소드는 유기적인 배우 본성의 객관적인 법칙에 의거한다. 바로 이러한 이유 때문에 메소드는 내적 체험의 예술의 견지에 서 있는 모든 배우들과 연출가들에게 유용하게 만들어 주는 것이다.

한편 현대연극 예술가들은 대부분 스타니슬랍스키의 메소드를 인정하지만 각자 다양하게 이해하고 있다. 즉 그들은 스타니슬랍스키로부터 각자 자신에게 근접한 것들을 만들고 있는 것이다. 그러나 이것들은 길고 힘든 발전의 여정을 지나온 메소드의 진화에 대하여 명확하지 못한 이해로부터 왜곡된 경우가 많은 것이 사실이다.

스타니슬랍스키는 결코 탐구를 멈춰본 적이 없으며, 역할에 대한 배우의 작업과정을 끊임없이 수정하며 완성시켜 왔다. 또한 현대과학의 영향 하에서 그는 오래된 작업 방법, 과거의 경험들을 끊임없이 재심하거나 거부하였다. 이것이 바로 스타니슬랍스키의 신념 있는 추종자들조차도 스타니슬랍스키 메소드에 대한 문제가 제기될 때, 때때로 공통의 언어를 찾지 못하게 되는 이유이었다.

스타니슬랍스키가 연출가로서 작업을 시작했을 때, 극장에는 아직까지 전근대적인 메소드에 의해 작업이 이루어지고 있었다. 즉 역할에 따라 대본 읽기가 시작되고 이후 배우 자신과 '이혼'을 하고, 끝으로 몇 번의 총 리허설이 진행되는 식이었다. 이때 연출가는 작업의 사상적·창조적 리더가 아니라 차라리 행정적 조직자였다. 그리하여 희곡에 대한 해석 및 희곡의 구현에 대한 책임은 전적으로 배우의 일이었으며, 배우는 자신의 이해력과 재능에 맞게 이 문제를 해결하였다.

하지만 이러한 방법으로는 작품의 예술적 완성도를 고려하기가 어려웠다. 여기에서 예술적 완성도는 배우가 집단적 연출의 기능을 수행하여 작가의 구상에 대한 이해를 통해 공통점을 찾은 경우이거나 혹은 오스트롭스키 같은 작가나 쉐프킨과 같은 극단의 핵심배우가 다른 배우들의 탐구 방향을 조정해 준 경우에 한해서만 달성되었다.

그런데 스타니슬랍스키는 창조적 권위와 작품 형성에 대한 연출가의 책임을 격상시켰다. 이제 연출가는 집단의 조직자일 뿐만 아니라 작가의 번역자, 예술작품으로서 공연의 제작자, 연극집단의 교육자가 되었다.

앞서 언급한 것처럼 스타니슬랍스키의 메소드는 수십 년의 기간을 거쳐 점진적으로 형성되었다. 그가 고백하듯이 처음에는 자신의 상상 속에 자리 잡고 있는 것을 배우들에게 보여주고, 배우들은 그의 제스처, 억양, 미장센을 수없이 반복함으로써 원하는 결과가 나올 때까지 그것을 모방하였다.

시간이 흐를수록 스타니슬랍스키의 작업 방법은 점차 섬세하고 다양하게 형성되었다. 작가의 구상과 사상에 대한 심오한 통찰을 위해 역할을 위한 꼼꼼한 논의가 이루어졌고, 탁자에 둘러 앉아 수없이 희곡을 읽었다. 그렇지만 아직까지 창조 작업을 위한 접근방법은 과거와 다를 바 없었다. 즉 연출가가 배우들에게 준비된 결정사항을 제시하면, 배우들은 그 결정사항을 이해하여 자신의 내적 체험으로 정당화시켜 정확히 재현해내야 했던 것이다.

그러나 이러한 작업 방법은 가장 재능이 뛰어난 배우들만이 가능한 일이다. 그 외의 배우들은 역할의 외적인 그림만 실행하며 그저 연출가를 모방할 따름이다. 당시 스타니슬랍스키는 마이닝겐 극단의 대표자인 크로넥에게서 배운 '연출가의 전제주의'가 자신을 구출해 주었다고 솔직히 고백하고 있다.

> 나는 그들에게 복종할 것을 요구하고 명령했다. 이때 많은 사람들이 겉으로만 연출인 내 명령을 수행했다. 왜냐하면 그들은 자신의 감정을 이해할 준비가 되어 있지 않았기 때문이다. 도대체 무엇을 해야 할까! 몇 개월 동안 극단, 극장은 새로운 방향성을 만들어야만 했으나, 이 과제를 수행하기 위한 다른 방법을 찾지 못했다. (1권, 199쪽)

그리하여 배우예술의 발전에 대한 열망은 스타니슬랍스키로 하여금 최대한도로 배우의 개성을 열어 보일 수 있고, 배우의 예술적 발의를 자극할 수 있는 메소드인 동시에 결코 연출가에 의해 수동적인 재료로 변모하지 않는 메소드를 찾기 시작하도록 만들었다. 이후 스타니슬랍스키는 배우의 창조적 자주성을 억압할 수 있는 연출가의 전제주의에 대해 위험하다는 판단을 내리게 되었다.

창조에 대한 결과론적인 접근은 연출가의 전제주의에만 관련 있는 것은 아니다. 배우 자신 또한 종종 유기적인 창조의 단계를 거쳐 가며 창조의 최종 결과—형상의 외적인 특징묘사, 등장인물 고유의 억양, 제스처, 얼굴표정 등을 재현—를 즉시 습득하고자 하기 때문이다. 스타니슬랍스키도 외적인 특징묘사를 통해 역할에 대한 접근을 시도해 보았지만, 이것은 '가능하지만, 결코 가장 올바른 창조 여정은 아니다.'라는 결론에 이르게 되었다. 찾아진 역할의 형태가 역할의 내용을 깊고 완전하게 표현할 수 있다면 좋은 일이다. 그러나 자연스러운 작업 과정이란 역할의 내용에 대한 이해로부터 역할의 외적 형태의 형성으로 나아가야 한다.

이 경우에 있어서 자신에게 특정의 전형적인 특징묘사를 첨가하는 것은 역할에 대한 작업의 시작 지점이 아니라 결론의 시점이며, 변신의 완성 과정이다. 배우가 역할의 외적 특징묘사를 즉시 습득하고자 할 때, 배우는 항상 파트너와의 살아 있는 상호관계로부터 떨어져 나갈 형상의 연기, 또는 특징묘사 자체를 위한 표현으로 빠져버릴 위험이 있다. 이미 고골은 작가에 의해 제시된 형상의 삶과 배우 자신의 인물형상 작업 사이에 존재하는 근본적인 차이점에 대해 언급한 바 있다. 그리하여 외적 특징묘사의 측면만으로 역할에 대한 접근은 위험하다고 할 수 있는데, 그것은 배우를 가장(假裝)으로 이끌 수 있기 때문이다.

바로 이런 이유로 스타니슬랍스키는 미리 생각해 둔 미장센이나 미래의 공연을 위해 이미 결정된 공연적 특성, 장르, 리듬, 외적인 특징묘사 등을 통해 희곡 및 역할에 대한 작업으로의 접근을 잘못된 것이라고 생각했다. 이 모든 방법들은 그가 과거에 실제로 시도해 보았던 것이며 완전하지 못한 것으로 기각된 것들이었다.

이러한 방법은 배우에게 역할에 대한 작업의 처음부터 최종결과에 대한 예감이 발생할 수 있다는 점을 내포하고 있다. 그 예감은 역할에 대한 흥미만 돋우어 줄 뿐이며 결국에는 잘못된 것으로 드러나는 경우가 많다. 따라서 이러한 예감은 명확한 논리로 바꾸어줄 수 있는 꼼꼼한 점검, 시도, 탐색을 필요로 한다. 그리하여 예술가의 최초 구상이 아무리 옳다 하더라도 창조과정에서 항상 풍부해져야 하고, 때로는 다시 뒤돌아 볼 필요도 있어야 한다.

결국 무대 형상의 형성에 따른 배우의 작업은 창조 결과가 강압적이고 인위적인 방법으로가 아니라 자연스럽고 유기적인 방법으로 성숙할 수 있도록 조직되어야만 한다. 그리고 메소드는 이러한 목표에 부응해야 한다.

20세기 초 시스템이 태동했을 때 스타니슬랍스키는 메소드를 통해 배우의 형상으로의 변신 과정에 대한 접근에 대단한 변혁을 일으켰다. 즉 그가 초기에는 외적인 것에서 내적인 것으로 접근할 필요가 있다고 생각했다면, 이후에는 내적인 것에서 외적인 것으로, 자감에서 행동으로, 역할에 대한 내적 체험에서 역할의 구현으로 나아갔다.

그리하여 스타니슬랍스키의 메소드 덕분에 배우는 다양한 기술적 방법을 사용하여 자신 속에 정당한 내적 상태를 만들고자 노력하였다. 이제 배우는 역할에 대한 작업을 함에 있어서 희곡에 대한 심리적 분석으로부터 의지, '진실어린 어조', 정서적 기억에 의거하여 자신의 마음속에 등장인물의 내적 체험과 유사한 (자신이 이전에 느꼈던 내적 체험) 것을 불러내려고 애를 썼다. 만약 이것이 성공하지 못한다면, 텍스트에 대한 세밀한 연구로 되돌아가서 인물의 사고의 구조, 형상의 심리를 습득하고자 노력했다. 그래서 신체적으로 행동을 시작하기 전에 책상에 앉아 역할과 친숙해지려고 애쓰며, 역할의 정신적 내용을 습득하고자 했다.

이러한 측면에서 '책상작업'은 작가 및 연출적 구상의 섬세함에 대해 깊이 탐구할 수 있도록 도와준다. 이것은 공연 작업에 있어서 의심할 여지없는 효용과 의의가 있는 것이다. 하지만 시간이 흐를수록 이러한 접근은 결점을 드러내기 시작했다. '책상작업' 때 형성되었던 역할의 내적 체험은 직관적이고 적절한 외적인 구현을 저절로 불러일으키기는 한다. 이를 테면 실제 작업에서는 항상 정당화되지 않는 무대적 행동의 필요한 형태를 '책상작업'은 암시하곤 하는데, 스타니슬랍스키는 이와 관련하여 다음과 같이 기록하고 있다.

> 나는 내적 기술의 새로운 방법들에 푹 빠져서 당시에는 내적 체험을 드러내기 위해 무대에서 유익한 창조적 자감만 습득할 필요가 있으며, 그 외의 다른 것은 저절로 오는 것이라고 진정으로 믿고 있었다. (1권, 309쪽)

그러나 그는 처음에 자감 및 등장인물의 심리를 습득하고, 자신의 역할을 '책상에서' 이해하여 내적 체험을 하려는 갈망과, 이후에 역할을 행동 속에서 구현하려고 하는 방법은 배우 작업에 있어서 최선의 방법이 아니라는 것을 점차 확신하게 되었다. 이와 관련하여 그는 다음과 같이 언급한다.

> 물론 이러한 작업을 할 때, 어떤 중요한 생각이 머릿속에 떠올라 창조에 쓸모가 있기도 했다. 그러나 머릿속에는 쓸데없는 여분의 정보, 생각, 감정들이 떠오르는 경우가 더 많았으며, 이것들은 머리와 가슴을 가득 채워 배우를 겁먹게 만들고, 배우의 자연스러운 창조에 방해가 되었다. (4권, 315쪽)

그는 배우들에게 계속해서 다음과 같이 말한다.

> 가설무대로 가서 여러분의 역할을 연기해 보고, 책상작업을 하면서 몇 달 동안 여러분이 알게 된 것을 적용해 보아라. 부풀어 오른 머리와 텅

빈 가슴으로 배우가 무대로 나가지만 아무것도 연기할 수 없다. 자신으로부터 잉여의 것을 벗어 던지기 위해, 필요한 것을 선택하고 자기화하기 위해, 새로운 역할 속에서 비록 부분적이라도 자신을 발견하기 위해서는 아직 긴 세월이 필요하다. (4권, 314쪽)

실제 작업에서 추측과 예상을 끊임없이 점검해 보지 않고 책상에 앉아 사변적으로 역할의 모든 내적 과정을 규명하고자 하는 노력은 창조에 대한 이성적 접근이라는 위험성을 품고 있으며, 이것은 결국 배우의 무의식 활동을 마비시키고, 창조 과정의 유기성을 파괴할 수 있다. 그래서 책상에서 내적 체험을 하는 것에 익숙해진 배우는 무대에서 적극적으로 행동하는 대신에 자신의 내적 체험 속에 머물러 있기를 계속한다. 결과적으로 내적 체험 자체에 대한 외적이고 가장 그럴듯한 표현의 새로운 상투성이 나타났으며, 이는 아마도 〈모스크바 예술극장〉의 창조 역사상 가장 위험한 것이었다.

삶에는 심리적인 과정이 반드시 발생하는데, 이것은 저절로 발생하는 것이 아니라 우리를 둘러싸고 있는 외부 세계와의 관계가 실현되도록 만들어주는 감각기관에 의해 다양한 실제적 혹은 상상적 자극제의 영향 아래에서 발전된다. 그러므로 무대에서 배우의 삶이 유기적이 되기 위해서는 무엇보다도 먼저 그 영향 하에서 우리의 내적 세계가 형성되고 드러날 수 있도록 해주는 신체적 행동들을 조정할 필요가 있다.

마침내 무대적 행동을 신체적 및 심리적 단일체로 생각한 스타니슬랍스키는 심리적인 것이 아니라 행동의 신체적 본질을 획득함으로써 이러한 단일체를 쉽게 얻을 수 있다는 결론에 도달했다. 이와 관련하여 마침내 그는 다음과 같이 언급한다.

잡을 수 없는 감정의 영역에서보다 신체적 행동의 영역에서 우리는 보다 더 '자기 집'에 있는 것 같다. 어렵게 잡을 수 있는 내적인 요소들의 영역에서보다 신체적 행동의 영역에서 방향을 잘 설정하면, 이것은 가장 기지가 넘치며 보다 더 확신적이다. (3권, 418쪽)

신체적 행동의 이러한 특성은 스타니슬랍스키에게 배우창조에 대한 새롭고 중요한 발견을 하도록 했다. 따라서 그는 구체적인 행동 이외로부터 창조적 자감을 만들고자 했던 자신의 이전의 시도가 실수였음을 인정하고 분석, 종합, 내적 체험, 구현 모두는 이전에 생각했던 것처럼 서로 다른 단계가 아니라 하나의 창조과정을 형성한다는 사실을 확신하게 되었다.

스타니슬랍스키가 말년에 연구했던 신체적 행동이라는 메소드는 그의 이전의 메소드와 비교해 볼 때 근본적인 차이가 있었는데, 이것은 새로운 작업 방법일 뿐만 아니라 그가 실제 작업을 통해 학문적 근거를 획득한 새로운 창조 개념이었다. 그리하여 스타니슬랍스키가 그의 메소드를 예술 속에서 살아온 삶 전체의 총합계이자, 미래의 세대에게 주는 자신의 유언이라고 생각한 것은 그러한 이유 때문이다.

이제 스타니슬랍스키의 새로운 메소드는 그와 가까운 학생들과 추종자들에게 있어서 새로운 군비(軍備)에 비유되었고, 메이에르홀드와 브레히트에 이르기까지, 그리고 러시아 연극과 서구연극의 연극 예술가들에게도 인정을 받았으며, 생체학자와 심리학자의 관심을 끌게 된 것 또한 결코 우연이 아니다. 그리고 우리 시대에서도 신체적 행동의 메소드는 연극 방법론에 있어서 최고의 업적으로 남아 있다.

이 책은 희곡과의 첫 번째 만남에서부터 시작하여 인물형상으로의 변신으로 끝내기까지 역할에 대한 배우의 작업과정이 기술되어 있다. 이러한 과정을 기술하면서 우리는 스타니슬랍스키의 창조적 경험과 진술, 그리고 이후의 연극-교육적 실제 작업에서도 도움을 받았다. 실제 작업은 그가 제안한 수많은 새로운 창조적 방법들의 가치를 확증해 주었고, 그것들은 현재 자명한 이치가 되었다.

그의 다른 권유사항들 또한 아직까지 문제로 남아 차후의 연구와 점검을 필요로 한다. 예를 들어, 스타니슬랍스키는 텍스트를 받아들일 때 신선함을 유지하기 위해 희곡을 읽지 말고 역할에 대한 작업을 시작할 것과, 인물의 삶의 상황을 이해하여 1인칭의 상황으로부터 행동해 보려고 노력할 것을 제안했다. 그러나 역할에 대한 이러한 접근은 학생 작업을 샘플로 권장할 때는 아직 충분히 연구되지 못했다.

한편 그는 새로운 방법론에 대한 수용을 점검하면서 자신의 이전 탐구의 결과들을 자주 지워버리곤 했다. 그리하여 우리의 또 다른 과제는 무대작업의 메소드에 대해 그가 이전에 찾아냈던 모든 가치 있는 것들을 조심스럽게 보존해야 할 필요성을 갖는 것이다.

학생공연이나 다른 형태의 공연들은 결코 똑같이 반복될 수 없고, 미리 추측할 수 없는 뜻밖의 것들로 가득 차 있는 창조행위이다. 그리하여 이 책에서 제시된 프로그램은 역할에 대한 작업과정에서 배우 앞에 발생한 기본적인 문제들에 대한 답변일 뿐이다.

본 저서에서 기술된 교과서로서의 성격과 연속성은 실제 작업 과정과 완전히 일치될 수 없다는 점은 당연한 일이다. 작업 메소드는 본질상 아무런 변화가 없다하더라도 상황에 따라 부분적으로 항상 변화할 것이기 때문이다. 그리하여 본서의 '행동 분석', '역할의 무대 외적 삶', '사실과 사건의 평가', '역할의 행동 논리 구축' 등과 같은 다양한 장들에서는 실제적인 문제들이 다루어지고 해결되어질 것이다.

희곡에 대한 학생들의 작업은 극장에서의 공연과는 여러 면에서 차이가 있다. 학생 공연작업은 극장작업과 비교할 때 목적이 다르기 때문에 다른 방향성으로 조직되어야 한다. 그것은 학생공연의 준비는 창조적이고 교육적인 과정이기에, 공연 과정에서 학생은 역할을 습득하는 것뿐만 아니라 공연작업 메소드 자체를 연구해야 한다는 것이다. 이러한 목적을 위해 우선 학생 배우에게 흥미로운 창조과제를 제기해 줄 수 있는 희곡을 선택하는 것이 합리적이다. 만약 희곡의 사상이 피상적이고 인물형상의 내면세계가 기초적인 것이라면, 이것은 학생배우에게 도움이 되지 못할 것이다.

스타니슬랍스키가 말한 것처럼 메소드와 시스템은 그것 없이도 모든 것이 해결되는 것이 아니라 해결 방안이 저절로 생겨나지 않거나, 작품의 내밀한 본질까지 획득해야만 하는 어려운 경우를 위해 필요한 것이다. 고전 극작품은 이러한 요구사항에 최대한으로 부합된다. 그러므로 메소드의 적용을 위해 우리는 무엇보다도 전 세계의 고전작품 중에서 텍스트를 사용할 것이며, 그리보예도프, 고골, 체홉, 오스트롭스키, 트레뇨프, 불가고프, 셰익스피어, 몰리에르, 골도니 등의 다양한 작가, 시대, 문체, 장르의 작품들을 선택할 것이다. 이처럼 학생들은 고전작품을 다루어보고 기술적으로 무장을 한 후, 차후의 졸업 공연에서 정당한 자리를 차지해야만 하는 현대희곡에 대한 작업으로 나아갈 것이다.

학생공연을 위한 작업에서는 일체의 서두름이나 타협 없이 창조과정의 모든 단계를 꼼꼼하게 수행하는 것이 필수적이다. 만약 아직 3학년 말경에 작품 전체가 준비되지 않았다 하더라도 결코 유기적 창조의 메소드 습득 과정을 단순화시키지 말아야 한다. 그러므로 결과로 인한 창조적인 성숙을 그르치지 않기 위해서 공개 발표는 작품의 단막이나 장면을 보여줄 수도 있을 것이다.

2

• • •

역할 작업

[1] 희곡과의 만남

상당수의 교육자들은 희곡을 처음으로 읽을 때 특별한 의미를 부여하지 않는다. 그래서 그들은 학생들에게도 문득 생각났을 때 희곡을 읽으면 된다고 말한다. 그 때문에 학생들은 틈틈이 버스나 지하철 또는 식사 시간이나 취침 시간 전에 종종 희곡을 읽는다. 그리고 만일 누가 어떤 역할을 맡게 될 지 공지한다면, 학생들은 희곡 전체보다는 희곡 속의 자신의 역할의 대사만 읽는 경향이 있다. 게다가 학생들은 무엇보다도 텍스트에서 자신의 매력과 기질을 보여줄 수 있는 장면과 관객석으로부터 웃음을 자아낼 수 있는 장면만 찾으려고 애쓴다. 그 결과 작품 자체에 대한 터무

니없고 피상적인 인상이 생긴다. 그러나 스타니슬랍스키는 역할과의 첫 번째 만남에 대해 완전히 다르게 접근하고 있다. 그는 이 순간을 '중매쟁이(연출가)'가 마련한 장래 배우와의 만남으로, 그리고 창조의 마지막 순간(무대 인물형상의 탄생)은 배우와 극작가에 의해 새롭게 살아 있는 존재의 탄생으로 비유하고 있다.

희곡의 첫 번째 읽기는 배우의 인생에서 흥분되는 사건이며, 창조를 향한 첫 번째 발걸음이자 예술 목표의 수행을 위한 예술가 집단의 노력의 결합을 시도하는 시발점이다. 그러므로 희곡의 첫 읽기는 장래의 배우(학생배우)로 하여금 극작가의 창작에 대한 존경하는 자세를 가지도록 함과 동시에 새로운 문학 작품과의 만남에 있어 책임감을 불러일으킬 수 있도록 조직되어야만 한다. 따라서 스타니슬랍스키가 희곡의 첫 번째 읽기 후의 모든 작업 과정에 어느 정도의 장중함을 가지고 작업을 진행하였다는 것은 결코 우연이 아니다.

하지만 작업의 단계에 대한 무관심한 접근은 차후 역할에 대한 배우의 접근을 방해하는 선입견을 형성할 수 있다. 그리하여 희곡에 대해 성급하게 형성된 의견은 피상적이거나 거짓된 것일 경우가 많아서 나중에 변경하기란 쉽지 않다.

유명한 고전 작품을 가지고 작업을 할 때, 전통적 타성을 극복하고 선배나 학교 교육자들의 시각이 아닌 자신의 눈으로 읽어내기는 쉽지 않다. 이것의 극복이야말로 인물형상을 기존에 형성된 형상의 반복이 아니라 새롭고 자발적인 예술적 창조가 되리라고 기대할 수 있는 것이다.

한편 희곡의 읽기는 가끔 유행적 개념이나 취향에 따라 접근하여 잘못 이해될 수도 있다. 그러나 진정한 희곡 읽기는 저자의 텍스트에 대한 자유로운 태도를 유지한 채 유행에 의해 초래된 편견을 포함한 모든 편견의 극복을 전제로 한다. 아울러 아주 잘 알고 있는 희곡 또한 처음 본 것처럼 받아들일 수 있어야 하고 희곡에 대한 자신의 의견을 분명히 제시할 수 있어야 한다.

이와 관련하여 스타니슬랍스키는 예술가 자신으로서의 인지 능력을 깨끗한 인화지에 비유하고, 선입견을 피사체가 흐릿하고 부정확하게 맺혀지는 이미 사용한 필름에 비유한 바 있다. 네미로비치-단첸코는 희곡에 대한 자유로운 태도에 대하여 다음과 같이 말하였다.

> 나에게 텍스트가 있다. 문학적이든, 무대적이든, 이 희곡의 역사에 대해서 전혀 알고 싶지 않다. 나는 오로지 이 희곡을 쓴 작가만 알고 있다. 나는 문학계에서 이 작가에 대해 뭐라고 하는지에 대해 알고 싶지 않으며, 이 희곡에 대한 이전 연극 작업의 토대 또한 중요하지 않다. (차후 나는 작업의 교정을 위해 이것에 대해 반드시 자세히 알고자 할 것이다.) 나에게는 텍스트 그 자체가 무엇보다 중요하다. 어떤 동시대의 연극인과 마찬가지로 작가(그리보예도프를 의미) 또한 동시대의 극장에서 특정한 무대적 요구사항, 목표, 무대 효과, 파토스, 매력적인 배우 등과 함께 공연을 했을 것이다. 나는 이 모든 것을 버릴 것이다. 러시아 연극은 백 년의 문화를 거쳐 왔으며, 이제 다른 모습이 되었다. 무대성도 달라졌고, 관객석의 감성 또한 이제는 다른 것이 되었고, 대중에 대한 영향의 모든 예술적 목표도 이미 백 년 전에 존재하던 것이 아니다······ 나 또한 이미 『지혜의 슬픔』[1]과 관련하여 16년 전의 내가 아니다. 나는 달

---

1) 러시아의 극작가 오스트롭스키의 작품. 작품의 줄거리는 다음과 같다.

외국에서 새로운 사상을 배운 청년 차츠키는 조국 러시아로 돌아오자마자 첫사랑의 대상인 소피야의 집부터 찾아간다. 그러나 의외로 소피야는 냉담했다. 차츠키는 전에 소피야가 위트와 유머를 즐겼던 사실을 생각해 내고, 그 수법을 써보았으나 아무런 효과가 없었다. 그녀는 이미 차츠키를 사랑하고 있지 않았던 것이다. 소피야의 아버지 파무소프는 딸을 스칼라주프 대령과 결혼시켜 장차 장군의 부인이 되게 하려는 생각이었다. 그날 밤 상류사회의

라졌다. 나는 정말로 동시대적인 사상과 감정으로 충만해 있다. 그리하여 이것은 그리보예도프의 텍스트에 대한 나의 현재의 인지에 반영되지 않을 수 없다.

자유롭게, 본래의 것이 아닌 일체의 선입견 없이 오늘날 고전 텍스트에 다가가야 한다. 여기에 바로 어려움과 만족감이 존재한다.[2]

일반적으로 텍스트에 대한 진지하고 신중한 이해를 위하여 호의적인 분위기를 형성할 가능성을 제공해 주는 희곡 청강회가 이루어진다. 이때 희곡의 읽기는 배우의 역할에 대한 해석, 억양, 그리고 특별한 어떤 것들로 구성된 연기가 될 필요는 없다. 이것은 작가의 생각의 흐름을 파악하고, 무대 사건의 변화를 뒤따라갈 수 있도록 해 주는 텍스트의 내용에 대한 보고(報告)면 된다.

무도회가 열렸다. 거기서 차츠키는 소피야의 애인이 아버지의 비서인 말찰린임을 알게 되었다. 이윽고 무도회가 시작되었다. 관료적인 파무소프와 미련하면서도 오만한 스칼라주프, 비굴한 말찰린과 경박스러운 여러 사람들, 한마디로 구역질나는 사람들의 모임이었다. 무도회가 끝나자 소피야는 하녀 리자를 시켜 말찰린을 배웅했다. 말찰린은 리자를 껴안고 사랑을 호소했다. 그 현장을 처음부터 지켜본 소피야는 그제서야 남자의 진심을 알게 되었다. 자기의 참다운 애인이 차츠키임을 깨닫게 된 소피야는 진심으로 차츠키를 부르고 있었다. 때마침 차츠키가 그 자리에 나타나자 소피야는 달려가 그를 힘껏 껴안았다. 그러나 바로 그때 소피야의 아버지가 등장하여 그 광경을 보고는 노발대발했다. 그러면서도 "밤중이라 아무도 본 사람이 없으니 무엇보다 다행한 일이야. 내 딸은 순결한 여성으로 결혼할 수 있게 되었어."하고 안도의 한숨을 내쉬는 것이었다. 감수성과 지성이 넘치고 거기에다 위트까지 넘치는 젊은이 차츠키는 이렇듯 위선으로 가득 찬 도덕과 풍조를 그대로 보고만 있을 수는 없었다. 그렇다고 해서 자신의 힘으로 이 현실을 깨뜨려 고칠 수 없는 사실도 깨닫게 되었다. 아울러 소피야란 여성은 자기 자신이 온갖 정열을 바쳐 사랑할 만한 값어치가 없는 여성이라는 사실도 깨닫게 되었다. 결국 자기의 절망스러운 감정을 아무 곳에도 쏟을 수 없다는 사실을 알게 된 차츠키는 유일한 돌파구를 찾아 끝없는 유랑의 길에 나서게 되었다. 다음과 같은 말 한마디를 남기고서. "주인이면서 하인, 주인이면서 종, 마누라의 심부름 꾼이것이 모스크바 스타일의 이상적 남편이란 말이지? 아이고, 말도 마십시오. 이 정도만으로 충분합니다. 부디 안녕히 계십시오. 나는 당신과 헤어지게 되었다는 사실을 한없이 명예롭게 생각합니다." 세계문학사 작은 사전, 김희보 편저, 2002. 4. 1, 가람기획 재인용.

2) 네미로비치-단첸코, 『논고, 말, 대화, 편지』, 예술, 1952, 217-218쪽.

희곡과의 만남 이후 배우가 역할을 이해하고, 자신의 상상과 삶의 경험으로 인해 역할에 대한 올바른 결정을 알려줄 수 있다면 더할 나위 없이 좋은 일이다. 하지만 우리는 이러한 행복한 우연에 대해 기대하지 않으며, 배우가 제시된 역할에 어떻게 접근할 지 명확하지 않은 상황으로부터 출발하기로 이미 결정한 바 있다.

무엇보다도 우선 희곡의 내용을 정확히 이해하기 위하여 읽기 이후에는 자유로운 의견 교환이 이루어진다. 배우는 자신의 상상에 충격을 준 것이 무엇인지, 새로운 희곡에서 무엇에 끌렸는지 또는 무엇에 무관심했는지에 대한 첫 인상에 따라 의견을 나눈다. 그러나 이러한 의견은 피상적이고 아마추어적인 경우가 많으며 아직까지는 불충분하게 고려된 것임에 틀림없다. 그러므로 이익보다는 손해를 초래할 가능성이 많은 성급한 결론은 피하는 것이 좋다. 스타니슬랍스키는 이와 관련하여 다음과 같은 유머를 구사하며 말한 바 있다.

극장의 관행상 첫 번째 좌담회에서 모든 희망자에게 말은 허용된다. 보통 이 시기에는 연극에서 대사 없는 단원들이 말을 하는 경우가 많다. 그 중 가장 우쭐거리며 모임에서 큰 목소리를 내는 것을 좋아하는 사람이 맨 처음으로 나선다. 그는 차츠키의 입을 빌어 지난 세기 이래 변화 없는 우리 사회의 낡은 체제를 냉혹하게 꾸짖을 것을 요청한다. 그는 배우에게 그리보예도프의 놀라운 풍자를 사용하여 인류 개선의 사악한 적수인 상류사회 대표자와 관료주의를 조소할 것을 부탁한다. 그는 이러한 고상한 목표를 가지고 진보적인 극장에서 〈지혜의 슬픔〉 공연을 보았다…… 말한 사람의 의견에 의하면, 차츠키는 건강하고, 잘 울리는 목소리를 가지고 있고, 그러면서도 잔인한 얼굴을 가진 집회 연설가 비슷한 인물이다. 차츠키의 말을 인용해보면 그 사람은 낮게 웅얼거리며 공중에서 주먹을 쥐고 열심히 말하고 있었다.

다음 사람은 예외적으로 차다예프에 대해 말하였다. 그의 말은 희곡, 차츠키, 그리보예도프, 공연 등과는 아무런 관련이 없었다. 유일한 의미는 자신의 박식함을 통해 자신이 빛날 수 있는 가능성을 제공했다는 것 뿐이다.

'극장 친구'라 불리는 사람들 중 한 명이며, 여러 클럽과 동아리에서 리포트로 유명해진 젊은 시간강사가 지겹고도 화려한 언변을 구사하며 세 번째로 나섰다. (4권, 381쪽)

그러나 이러한 논의의 결과, 특정 사안에 대해 아주 드물게 의견이 일치하는 경우도 있다. 스타니슬랍스키는 계속하여 언급한다.

그렇지만 그들은 자주 극명하게 모순되고 예상치 못한 방향으로 의견을 달리 하였다. 배우들의 머릿속은 뒤죽박죽이 되었다. 심지어 새로운 작품에 대한 자신의 태도를 찾은 것처럼 보이는 배우들조차도 흔들릴 정도였다. (4권, 313쪽)

배우가 명확하게 작품을 이해할 수 있도록 하기 위해 극장에서 전문가 또는 문학, 역사, 관습에 정통한 사람이 초빙되어 특별 좌담회나 강연이 마련되는 경우도 있다. 스타니슬랍스키는 『지혜의 슬픔』에 헌정된 그러한 강연들 중 하나에 대해 회상하고 있다. 그의 회상은 극단이 '요란하지는 않지만 존경을 담은 박수로' 교수를 어떻게 맞아들였는지, 교수가 그의 새로운 창조 작업에 공동 참여자가 된 것에 대한 '영광과 기쁨'을 얼마나 우아하게 감사하였는지, 교수가 얼마나 '흥미로우면서도 훌륭하게' 약 2시간가량을 강의했는지에 대한 묘사로부터 시작된다.

그는 그리보예도프의 일대기부터 시작하여 『지혜의 슬픔』의 형성 배경과 보존되어 온 필사본에 대한 이야기로 옮아갔다. 그 다음 희곡의 최근 연구로 넘어갔으며, 출판되지도 않은 수많은 시를 암송하여 인용하고 비교하여…… 이후 강연자는 매우 중요한 희곡의 해설자 및 비평가를 언급하며, 그들에게서 나타나는 모순점들을 검토하였다.

끝으로 그는 희곡의 이전 공연에 대한 비평 기사의 목록을 상임 연출가에게 전달하였다…… 강연자에게 오랫동안 그리고 뜨거운 박수가 이어졌다. 배우들은 그를 에워싸고 손을 잡으며 감사의 말씀을 전하고 있었다.

－감사합니다! 감사합니다! 저희에게 정말이지 많은 것을 주셨어요! 감사드립니다!

－너무나 소중한 말씀을 해 주셨어요!

－저희에게 정말로, 정말로 도움 되는 말씀이었어요! (4권, 374쪽)

이렇게 배우들은 성공적이었던 좌담회에 대한 서로의 인상을 주고받는다. 그런데 활기찬 전체적인 분위기 속에서 극단의 가장 재능 있는 배우 혼자만이 생각에 잠겨 있었다. 무슨 걱정을 하고 있느냐는 동료의 질문에 그는 강연자의 학식에 대해서는 놀라웠으나, 이로 인해 그의 머리는 꽉 차 있었지만 가슴은 텅 비었다는 사실에 경악을 금치 못한다고 대답했다.

－그가 2시간 동안이나 떠든 것의 반만이라도 할 수 있으려면 도대체 어떤 재능이 필요한 걸까? 너무 힘들어. 재능 없이는 작업을 시작하는 것조차 겁나. 그런데 자, 이제 네 차례다! 등에다 온갖 정보를 다 지워 놓고 '안녕히! 행운이 함께 하길!' 이라고 말하는 거지.

－하지만 우리가 이 모든 것을 알아야만 하고, 작업 시 지침으로 삼아야지. 라수도프가 그의 말에 반대했다.

－모르겠어. 아마도, 그래야겠지. 어쨌든 나는 학자가 아니니까. 하지만 우리에게 말했던 것은 첫 발을 내디던 지금이 아니었으면 좋겠어. 우리

에게 그렇게 많은 것을 한꺼번에 말하지 않았으면 해. 이것에 관해서는 나중에, 점차적으로, 우리가 어떤 발판이라도 만들게 되었을 때…… 그리하여 마침내 우리가 완전히 역할을 습득하게 되면, 그때 우리에게 매일 강의를 해주면 모든 것이 도움이 되겠지. (4권, 375-376쪽)

작업의 첫 단계에서 희곡에 대한 다른 사람의 의견에 대해 경계하는 태도는 배우의 창조적 자립성을 주장하는 이들에게 특징적인 현상이다. 스타니슬랍스키 또한 실제작업에서 이러한 종류의 반대와 부딪친 적이 한두 번이 아니었다.

예를 들면, I.N. 펩초프가 〈예술극장〉 무대에서 자신의 표도르 이오아노비치 황제 역할에 대하여 스타니슬랍스키와 대화를 나눈 적이 있었다. 스타니슬랍스키는 리허설 시작 전, 고대 러시아의 삶과 우유부단한 황제의 형상에 대해 흥미롭고도 의욕적으로 말하며 황제의 비극을 심도 있게 설명하였다. 펩초프가 무엇을 생각하고 있다는 것을 눈치 챈 스타니슬랍스키는 그에게 질문을 던졌다.

　－내가 말하는 내용이 당신에게 방해가 되고 있나요?
　－네. 펩초프는 말했다.
　－왜죠? 스타니슬랍스키는 말했다.
　－당신이 그렇게 흥미롭게 형상을 그려주시면, 당신에게 떠오른 그런 내면의 시각에 비해 나의 것은 형편없이 초라하다는 것을 느낍니다. 내가 할 수 있는 건 당신이 힌트를 준 어떤 것을 표현해내려고 노력하는 일밖에 남지 않습니다. 정말이지 나는 지금까지 다른 사람으로부터 나에게 전달된 것이 더 좋다 할지라도 비록 별 볼일 없기는 하지만 나에게서 그리고 나로부터 떠오른 어떤 것을 더 선호해 왔습니다.[3]

3) 일라리온 니콜라에비치 펩초프, 『드라마극장 아카데미』, 1935, 64쪽.

위의 대화에서 알 수 있듯이 새로운 역할은 배우 자신이 반드시 대답해야만 하는 수많은 질문들을 제기한다. 그리하여 이러한 대답들 자체가 배우에게 있어서 완성된 형태로 떠오르는 것이 아니라, 그의 인식 속에서 여물어갈 수 있도록 작업을 조직하는 것이 중요하다. 따라서 위의 예는 희곡과의 첫 번째 만남 이후 배우에게 작품의 사상적 구상, 초목표, 일관된 행동에 대한 정확한 정의를 요구하는 일이 있어서는 결코 있어서는 안 되는 것을 의미하고 있는 것이다.

처음에는 작품의 차후 구상에 대한 예감 (실제 작업에서 꼼꼼하게 점검되어야 하는) 정도는 있을 수 있다. 이후 희곡의 객관적인 분석에 기반하여 희곡의 사상적 내용에 대한 보다 정확한 제시가 이루어지고, 초목표에 대한 '조준'이 결정된다. 그러므로 점차적인 심화 및 초목표에 대한 구체화는 작업의 전 과정에 거쳐 이루어져야 한다.

만약 학생들에게 인물형상 및 전체 작품에 대한 완성된 결정을 당장 제시한다면, 이는 배우의 영혼 속에서 전체 발전 단계를 지나가며 형성되어야하는 것, 즉 살아 있는 창조 과정의 싹을 떡잎 단계에서 잘라버리는 것과 마찬가지다. 그러므로 이것은 아직까지 역할을 위해 잘 조직되지 않은 배우의 개인적인 정서적 기억을 배제하고 내쫓는 것이나 다름없다.

물론 교육자는 전염성이 강한 어떤 내적 시각과 작품에 대한 생각을 통해 초보 배우의 의지와 상상력을 이끌어내고, 그에게 인물형상에 대한 올바른 이해를 일으키게 할 수는 있다. 그러나 교육자가 만일 살아 있는 창조의 유기적 과정을 소중하게 여긴다면, 결코 결과를 강행하지 않아야 할 것이며 자신의 결정을 강요하지도 않아야 한다.

그러므로 교육자의 목표는 학생이 유기적인 자연의 법칙에 따라 인물형상을 조심스럽게 키워나갈 수 있도록 돕는데 있다. 그러나 만일 연출가가 자신의 생각, 자신의 개인적인 정서적 기억에서 끄집어낸 자신의 감정을 배우에게 주입한 뒤 배우에게 바로 그렇게 해라고 말한다면, 그것은 분명 배우에게 강요하는 것이라고 할 수 있는데 이에 대해 스타니슬랍스키는 '도대체 나의 정서적 기억이 배우에게 필요한 것인가?'라고 반문한다.

> 배우에게는 그만의 자산으로서 기억이 있다. 나는 자석처럼 그의 영혼에 달라 붙어 거기에 무엇이 있는지 살펴보아야 한다. 그 다음 나는 다른 자석을 던져야 한다. 나는 그에게 어떤 소재들이 있는지 살펴볼 것이다. 아아! 나는 그에게 얼마나 생생한 정서적 소재들이 있는지 이해하게 된다. 다른 것은 있을 수 없다.[4]

스타니슬랍스키의 언급은 배우에게 있어서 오로지 이와 같은 생생한 소재만이 살아 있는 인물형상을 길러낼 수 있음을 의미한다.

한편 배우는 자신의 정서적 기억을 통해 등장인물의 행동을 소생시키기 전에 미래의 형상에 대한 자신의 태도를 섣불리 결정하지 않아야 한다. 그는 아직까지 다른 사람들의 의견을 비평적으로 평가할 여유가 없으며 오히려 이러한 의견은 그를 혼란스럽게 만들고, 자발적인 결정을 위한 과정에서 창조적 발의를 무디게 할 뿐이기 때문이다. 따라서 배우로 하여금 스스로 희곡의 소재를 충분히 연구할 수 있도록 해주는 것이 중요하다.

---

4) 스타니슬랍스키 K.C. 『논고, 말, 대화, 편지』, 667쪽.

[2] 역할의 외적 삶에 대한 기록

스타니슬랍스키는 희곡에 대한 인식 과정에 대해 깊은 지층 아래 풍요로움을 숨기고 있는 땅속 깊은 곳으로의 점진적인 침투로 비유하였다. 먼저 상부의 식물층을 제거하고 난 다음 눈에 보이지 않는 지반의 다양한 지질학적 성층을 제거하고 이를 통해 지표의 구조를 인식해 가며 보다 더 깊숙이 침투해 간다. 그리하여 스타니슬랍스키는 용암이 끓고 있는 땅속 깊은 곳을 오직 소수의 사람만이 다다를 수 있는 창조적 무의식의 영역에 비유하고 있다.

가장 상부에 해당하는 볼 수 있고 만질 수 있는 층―이것은 줄거리, 사실, 희곡의 외적 사건이다. 바로 이것들이 작품의 객관적 기반을 형성한다. 제일 먼저 밝혀내고 평가해야 하는 것이 바로 이것이다. 아리스토텔레스는 비극을 분석할 때 가장 중요한 것은 '사건의 구성요소'를 결정하는 것이며, 그 다음으로 생각의 언어적 표현, 성격, 무대장치 등과 같은 것을 결정하는 것이라고 생각하였다.

사건의 구성요소에 대한 정확한 평가는 차후 무대적 사건의 진정한 의미와 등장인물 각각의 위치를 명확히 할 수 있도록 해준다. 스타니슬랍스키는 이에 대해 다음과 같이 기록하였다.

> 외적 사건에 대해 연구할수록 희곡의 제시된 상황과 부딪치게 된다. 그것을 연구할수록 그와 관련된 내적 원인을 이해하게 된다. 그리하여 보다 더 깊숙이 역할이 가진 인간적 영혼의 삶의 정중앙으로 내려가게 되며, 속대사를 향해 다가가게 되고, 결국 희곡의 물밑 흐름의 선과 만나게 된다. (4권, 247쪽)

또한 스타니슬랍스키는 매우 간단하면서도 기발한 방법을 제안한 네미로비치-단첸코의 말을 인용하고 있다.

> 작품 내용의 짧은 이야기로부터 보다 합리적으로 작품에 대한 작업을 시작할 수 있다. 이때 배우에게는 구체적인 과제가 제시된다. 즉 순차적으로 작품의 줄거리를 형성하는 사실과 사건을 가능한 한 명확하게 진술한다. 이때 처음에는 사실에 대한 정서적, 사상적인 평가는 물론 심리적인 폭로나 자신의 상상을 첨부하는 것 중 그 어느 것도 요구하지 않는다.

M.N. 케드로프는 희곡의 사실에 대하여 연구할 때, 사건의 기록을 담당하는 편견 없는 조사관의 자세를 가질 것을 조언한다. 어떠한 결론에 도달하여 결정을 내리기 전에 노련한 조사관은 상황에 대해 상세하게 조사하고, 모든 세부사항 속에서 사건의 객관적 그림을 재구성하려고 애쓴다.

예를 들어, 오늘 낮 2시 고리키가(街)와 사도바야 깔쪼가(街) 교차로에서 '볼가'와 '승리'5) 자동차 두 대가 충돌했다. 이 사실은 좀 더 자세히 진술될 수 있다. 즉 자동차 두 대가 인도에서 2미터 떨어진 곳에서 충돌했는데, '승리' 운전자가 아주 느리게 운전하자 '볼가' 운전자가 모퉁이에서 시속 50킬로의 속도로 '승리'를 향해 돌진했다. 그리고 난 후, 세부사항들이 열거될 수 있을 것이다. 이를 테면 유리창 깨지는 소리가 들리고, 행인들이 여기저기로 달아나고, 누군가가 응급구조대를 부르고, '승리'에서 부상당한 어떤 여자를 실어가고, 가벼운 타박상을 입은 어떤 여자는 차에서 스스로 걸어 나오고 등이며, '볼가' 운전자는 체포되어 경찰서로 압송된다.

---

5) 자동차 이름.

이 모든 사실들을 조사하고 비교한 다음 조사관은 명확한 평가를 내려야만 한다. 결론적으로 이러한 과정을 통해 사고의 원인이 무엇인지 정의 내려야만 하는 것이다. 그러나 이러한 단계가 없다면 성급하거나 불충분한 일체의 결론에 의해 결과는 거짓된 길을 따라갈 수도 있다. 그리하여 사건의 의미가 명확하게 되면 조사관은 사실에 대한 평가를 내릴 수 있다.

희곡 줄거리의 뼈대를 이루는 사실과 사건에 대한 꼼꼼한 조사는 배우와 연출가로 하여금 희곡의 사상에 대한 이해 여부 및 희곡의 무대적 설명과는 별개로 필수적이다. 희곡의 사실에 대한 의식적 또는 무의식적 왜곡, 근거 없는 변화는 필연적으로 극작가의 구도에 대한 왜곡을 초래한다.

예를 들어 셰익스피어의 비극『로미오와 줄리엣』마지막에서 주인공은 삶을 마감한다. 관객의 마음에 들기 위하여 '작은' 수정을 가한 유명한 일화가 있다. 즉 로렌조 신부가 시간에 맞춰 캐플릿가(家)의 묘지로 내려옴으로써 희곡은 행복한 결말을 맺는다. 그러나 연인들은 목숨을 구하지만 비극은 엉망이 되어 버렸다.

희곡의 사실에 대한 이러한 근거 없는 변형은 명백하게 불충분함을 준다. 비극적인 결말은 단순한 우연에서 생기는 것이 아니다. 그것은 극작가에 의해 희곡의 모든 구도가 미리 정해지고, 사건 전개의 논리가 준비되고 그가 만들어 놓은 수많은 사실들의 결합에 의해 결정된 것이다.

일례로 비극『로미오와 줄리엣』의 첫 번째 사건을 만든 무대적 사실들을 살펴보자.

1. 캐플릿가의 두 하인이 오락거리를 찾아 거리로 나선다.
2. 몬태규가의 하인들이 그 옆을 지나간다. 캐플릿의 하인들이 그들을 조롱하며 싸움을 걸기 시작한다.

3. 언쟁이 시작되고 곧 싸움으로 번진다.

4. 벤볼리오가 나타나 그들을 뜯어말리려 한다.

5. 티발드가 벤볼리오에게 트집을 잡고 그에게 달려든다.

6. 행인들도 싸움에 말려든다.

7. 싸움 소리에 몬태규와 캐플릿의 다른 가족들이 나온다.

8. 가문의 어른인 노인들이 칼을 뽑는다. 아내들이 말린다.

9. 싸움의 절정에 공작이 나타난다. 그는 간신히 싸움하는 이들을 진정시키고 질서를 세운다.

10. 공작은 또 다시 싸움을 일으키는 자는 사형에 처할 것이라고 엄포를 놓는다.

열거된 모든 사실은 본질적으로 한 가지 사건—공작에 의해 중지된 두 가문의 길거리 싸움—을 형성한다. 이런 식으로 희곡 전체를 훑어볼 때, 스타니슬랍스키의 표현을 빌자면, 우선 우리가 가장 접근하기 쉬운 방향은 희곡의 외면적 사실에 대한 기록이다. 그래서 행동에 대한 분석으로 들어가기 위해서는 이처럼 희곡의 사실들을 이미 찾아놓은 것만으로도 충분하다.

그러므로 무대적 사건의 최초 정의는 사건의 내적 본질이 아니라 단지 외적인, 보이는 것만을 제시해야 한다는 것을 강조할 필요가 있다. 그리고 난 후, 배우의 창조 작업을 통해 반드시 구현되어야 하는 숨겨진 정신적 내용이 드러난다.

스타니슬랍스키는 이처럼 역할에 대한 작업의 연속성을 강조하고 있는데 그것은 '인간 영혼의 삶'에 침투하기 전에 유기적 과정의 섬세함을 준수하여 표현되는 인간의 '신체의 삶'을 소유하는 것이 필수적이라는 것이다.

[3] 행동 분석

외적 사실 및 사건의 정의 이후, 배우는 발견된 사실 및 사건을 통해 유기적 과정을 실제 작업에서 연구하며 '행동에 대한 탐색'으로 전환한다. 배우에게는 만약 '여기, 오늘, 지금' 역할의 삶의 상황이라면, 그는 '무엇을 할 것인가?'라는 질문이 제기된다. 배우는 제기된 질문에 말이 아니라, 아직은 알 수 없는 형상의 인물로서가 아닌 자기 자신으로서의 행동으로 대답해야 한다.

이때 배우는 가장 초보적인 신체적 행동을 실행한다 하더라도 항상 역할의 삶의 상황을 명확히 할 필요가 있다. 예를 들어 만약 어디서 왜 오는지 모른다면 문을 열고 방으로 들어올 수 없을 것이다. 그러므로 행동에 대한 연구가 이루어질수록 이러한 행동을 유발하는 제시된 상황에 대해서도 연구해야 한다.

여기에서 스타니슬랍스키는 책상에 앉아 역할을 연구할 때 발생하는 행동에 대한 관념적 제시와 비교해서 무대 위의 파트너나 물건과 살아 있는 교류 속에서 실현되는 행동에 대한 실제적 느낌은 큰 차이가 있다고 강조하고 있다.

무대에서는 배우의 심리뿐만 아니라 감각 기관, 신체 근육, 정신적, 신체적 본성 등이 참여한다. 등장인물로서 무대적 사건에 놓인 배우는 그러한 방법으로 희곡의 상황 속에서 자기 자신을 인식하게 되며, 스타니슬랍스키가 역할의 삶의 실제 느낌이라고 명명한 자감을 획득하게 된다. 그러한 자감 없는 역할의 분석은 냉정하고 이성적인 것이 되고 만다.

스타니슬랍스키는 역할에 대한 자신의 새로운 접근에 대해 고골의 『검찰관』을 예로 들어 설명하였다. 그는 학생 나즈바노프에게 흘레스타코프의 첫 등장을 연기해 보라고 하였다.

  −무엇을 해야 하는지도 모르는데, 어떻게 연기를 할 수 있나요? 나는
놀라서 거절하였다.
  −자네는 전부 모른다고 하지만 무언가 알고 있네. 바로 그 만큼만 연기
해 보게. 다른 말로 하자면, 비록 보잘것없고 작은 신체적인 행동이라
할지라도 역할의 삶으로부터 진실 되고 올바르게, 자기 자신으로서 실행
해 보게.
  −저는 아무것도 할 수 없어요. 아무것도 모르기 때문입니다!
  −'흘레스타코프가 들어온다.'라고 희곡에 적혀 있잖나. 여관방에 어떻게
들어가는지 모른다는 말은 아니겠지?
  −압니다.
  −그 다음 흘레스타코프는 아십에게 음식을 구해오도록 명령하고 싶다.
다른 사람에게 간지러운 부탁을 어떻게 하는지 모르는 건 아니겠지?
  −그것도 압니다.
  −그럼, 첫 번째 단계에서 자네가 할 수 있는 것만 연기해 보게. 무엇으
로부터 자네가 진실을 느끼는지, 무엇을 진실로 믿을 수 있을지.
  −정말이지 첫 단계에서 우리가 새로운 역할에 대해 무엇을 할 수 있나
요? 나는 설명하려고 애를 썼다.
  −약간의 것. 아주 단순한 신체적 행동과 함께 일화를 곁들인 외적 줄거
리의 전달. 처음에는 단지 이것만 진실 되고 올바르게, 자기 자신으로서
그리고 자신의 책임으로서 실행할 수 있으면 되네. 만약 더 많은 것을
하고 싶다면 힘에 겨운 과제와 부딪쳐 보게. 그러면 과장 및 본성에 대
한 강압을 선동하는 거짓의 권력에 놓일 것일세. 그래서 처음에는 지나
치게 어려운 과제는 피하게. 여러분은 아직 새로운 역할의 영혼 속으로
깊이 들어갈 준비가 되지 않았네. 그러므로 엄격하게 지시된 협소한 신
체적 행동의 영역에서 머무르며 그 속에서 논리와 일관성을 찾게. 그것

없이는 진실, 믿음은 물론 우리가 '나는······이다'라고 부르는 상태 또한 찾을 수 없네.

−하지만 저는 말을 모르므로 아무 말도 할 수 없어요. 나는 고집을 부렸다.

−말을 모른다고? 하지만 대화의 전체적인 의미는 이해하잖나?

−네, 비슷하게는.

−그러면 그것을 자신의 말로 전달해 보게. 대화에 대한 순서는 내가 일러주지. 자네도 곧 말의 일관성과 논리에 익숙해질 걸세.

−하지만 저는 표현해야 할 형상을 모르는데요!

−대신 중요한 법칙을 알고 있잖나. 배우가 어떤 역할을 연기할 때 항상 자기 자신으로서, 자신의 개인적인 책임과 양심으로서 행동해야하네. 만약 배우가 역할 속에서 자신을 찾지 못하거나 잃어버린다면 생생한 감정을 가지지 못하여 표현된 인물을 죽이는 것이네. 그러므로 자신의 이름으로 작가가 제공한 제시된 상황 속에서 모든 역할을 연기해 보게. 이러한 방법으로 여러분은 무엇보다도 먼저 역할 속에서 자기 자신을 느낄 수 있어야 하네. 이것을 수행하게 되면 이미 자신 속에서 모든 역할을 키우는 것은 어렵지 않지. 생생하고 진실한 인간적 감정은 이를 위한 훌륭한 토양이 되기 때문이네. (4권, 316-318쪽)

스타니슬랍스키가 학생들에게 제안한 새롭고 특이한 역할 작업 방법론은 교육자의 요구사항을 이해하게 될 때까지 적잖이 긴 동요가 발생한 다음 학생들로 하여금 역할의 상황에서 행동하도록 만들었다.

그러나 배우에게 행동의 정당성이 부여된 경우는 전혀 다른 이야기가 되는데, 이때 배우는 다양하게 제시된 상황에서 신체적 행동을 수행할 수 있을 것이다. 예를 들어 '문을 열고 방으로 들어온다.'고 가정해 보자. 오늘 친구들에게 중요한 소식을 전하기 위해, 수업 시간에 교실에 있는 친구를 불러내기 위해, 피곤한 하루 일과를 마치고 자신의 방에 들어가기 위해, 병실, 감방, 수사관 사무실 등의 문을 열기 위해 등이 그러한 예이다.

배우는 다양한 삶의 상황에서 단순한 행동을 수행할 줄 알아야만 무대에서도 특별한 어려움 없이 이러한 과제 — 예를 들면, 흘레스타코프의 상황에서 문을 열고 여관방에 들어가는 것 — 를 해결할 수 있다.

학생 나즈바노프와의 수업을 계속하며 토르초프(스타니슬랍스키)는 다음과 같이 말하고 있다.

-희곡의 제시된 상황으로 자네 자신을 에워싸고 진정으로 대답해 보게. 곤란한 상황에서 벗어나기 위해 자네 자신(자네가 잘 알지도 못하는 어떤 존재인 흘레스타코프가 아니라)은 무엇을 하게 되었을까?

-그래요! 작가를 맹목적으로 따라가는 것이 아니라 스스로 그러한 상황에서 벗어나기 위해서라면 아주 잘 생각해봐야지요.

-자네 참 말 잘했네! 토르초프가 말했다.

-나는 정말이지 처음으로 나 자신으로 돌아와 고골이 등장인물들을 배치시켜 놓은 입장과 제시된 상황을 느끼게 되었어요. 관객에게 그들의 상황은 우습기 그지없지만 흘레스타코프와 아십을 연기하는 배우 자신에게는 곤란한 상황임에 분명하니까요. 그동안 『검찰관』을 몇 번이나 읽었으며 자주 무대에서 보았음에도 불구하고 오늘에야 처음으로 이것을 느끼게 되다니요!

-그것은 아주 올바른 접근이네. 자네는 자기 자신으로 돌아와 고골이 제시한 상황에서 등장인물의 입장을 이해하게 되었네. 그게 중요한 거네! 절대로 자기 자신을 역할 속으로 강제로 밀어 넣지 말고, 억지로 역할을 연구하려고 하지 말게. 처음에 자네가 접근할 수 있는 것이 비록 미미한 것이라 할지라도 자네 스스로 표현된 삶 속에서 선택하고 실행

해야만 하네. 오늘도 바로 그렇게 하게. 결과적으로 자네는 역할 속에서 자신을 조금 느꼈네. 이렇게 계속 나가다 보면 시간이 흐를수록 자신 속에서 그 역할을 느끼게 될 걸세. (4권, 319-320쪽)

위의 예에서 드러나듯이 스타니슬랍스키는 배우의 창조 본성에 대하여 어떠한 강요도 요구하지 않았으며, 인물형상의 획득에 있어서도 엄격한 일관성을 얻기 위해 노력하였다. 그가 제안한 이러한 새로운 방법론은 배우로 하여금 무대에서 살아 있는 유기적 과정을 형성할 수 있도록 방향 설정되었다. 이러한 목적에 따라 스타니슬랍스키는 희곡과의 만남 및 줄거리에 대하여 설명을 하고 난 후, 그 어떤 미장센이나 텍스트를 미리 결정하지 않고 파트너와의 생생한 상호협력을 통해 구체적으로 희곡에 대한 연구로 들어갈 것을 권고하였다.

역할의 상황 속에서 배우 자신에 대한 이러한 연구는 배우로 하여금 차후의 작업 진행, 즉 형상으로의 유기적인 변신에 대한 준비를 할 수 있도록 해 준다. 스타니슬랍스키가 실제 작업에서 어떻게 이것을 획득할 수 있었는지에 대해서는 〈오페라-드라마 스튜디오〉에서의 그의 작업을 일례로 들 수 있다. 어느 날 스타니슬랍스키는 조교에게 오스트롭스키의 희곡 『지혜의 슬픔』의 역할을 분배할 것을 지시했다. 무엇보다도 희곡을 다시 읽을 필요가 있지 않겠냐는 조교의 질문에, 스타니슬랍스키는 『지혜의 슬픔』은 모든 사람이 알고 있기에 다시 읽을 필요는 없다고 대답하고, 설령 인물들의 행위나 에피소드의 연관성이 잊혀졌다하더라도 모두의 노력으로 기억을 되살릴 수 있을 것이라고 덧붙였다.

—희곡은 어떤 장면부터 시작되지? 그가 물었다.
—소피야가 하녀인 리자에게 자신과 말찰린-파무소프의 비서이자 소피

야의 애인과의 밀회가 들키지 않도록 밤새도록 자기 방 앞에 지키고 앉아 있으라고 명령하는 것부터 입니다. 리자 역을 맡은 E.A. 소콜로바가 대답했다.

ㅡ잠깐, 잠깐만! 여러분은 텍스트를 이미 알고 있는 듯 하군. 나는 아직 아무것도 모르는 관객으로서 접근할 테니, 희곡에서 밝히고 있는 사실만 이야기해 주게. 이제 그 다음 장면을 나에게 설명해주게. 그러니까 첫 번째로 무슨 일이 일어났지?

ㅡ리자는 소파에서 잠을 깨고 이미 날이 밝았음을 알아차립니다.

ㅡ앞으로 달려가지 말게. 리자가 잠을 깼다. 이것은 이미 복잡한 신체적 행동이네. 그것을 해볼 수 있겠나? 그는 E.A. 소콜로바에게 물었다.

ㅡ해 볼게요. (그녀는 방의 중앙에 있는 소파로 다가간다. 잠을 자다가 마치 어떤 충격에 의해 갑자기 깨어난 듯한 자세로 소파에 앉는다.)

ㅡ아니, 아니지! 그야말로 막대기로 머리를 때린 것처럼 그렇게 잠을 깨는 건 극장의 배우뿐이네. 자네도 삶에서 매일매일 잠에서 깨어나니까 분명 어떻게 하는 건지 아주 잘 알고 있을 걸세. 무대에서는 모든 것을 다시 배워야하네. 이건 법이야. 각각의 새로운 역할마다 걷기, 앉기, 이 경우에는 잠깨기 등과 같은 가장 단순한 것들도 새로 배워야만 하네. 그러니까 극장에서가 아니라, 삶 속에서 이것을 어떻게 했는지 기억하게.

ㅡ하지만 지문에는 리자가 '갑자기', 즉 '불현듯 잠을 깬다'라고 적혀 있는 걸요. 그녀는 아마 이미 날이 샜다는 사실에 겁먹은 것 같아요. 〈예술극장〉에서는 그녀가 깜짝 놀라 바닥으로 굴러 떨어지기까지 했는걸요. 누군가가 말했다.

ㅡ놀라는 것은 행동이 아니네. 여러분에게 한 가지 부탁할 것은 처음에는 신체적으로 행동하는 것 외에는 하지 말자는 것이네. 만약 사람을 깨우게 되면 그는 처음에는 아무것도 이해하지 못하네. 사람이 정신을 차릴 때는 무언가를 판단하기 이전에 꿈과 눈뜸 사이에 중간적인 어떤 것이 있어. 바로 이와 같은 유기적인 과정을 우리는 우선적으로 연구하여 신체적 행동의 기본적인 논리를 발견해 낸 다음, 때마침 말하는 것이지

만, 연출가의 입장에서는 아무런 도움이 되지 않는 지문에 대해 이야기
해야겠군. 그러니까 희곡에 대해서는 잠시 잊을 뿐만 아니라 아예 펴지
도 말게. 배우들이 아예 희곡을 읽지도 않거나 극장에서 이 희곡의 공연
도 보지 않았다면 훨씬 더 좋았을 것을. 그렇다면 어떠한 선입견도 생기
지 않을 것이고, 단지 나, 그리고 연출가만이 여러분에게 희곡의 사실에
따른 순서만 말할 수 있었을 텐데. 어느 누구도 아닌 바로 자네가 소파
에서 잠을 깬다. 바로 이것이 첫 번째 사실이야. 연극적 경험이 아니라
자신의 정서적 기억을 바탕으로 이것을 연구해 보게. 그럼, 해보게.

－우선, 나는 아직 달콤한 꿈에서 깨어나고 싶지 않습니다.

－무엇보다도 자네의 자세를 믿을 수가 없네. 소파에서 어떻게 잠이 깰
까라는 문제를 해결하기 위해서는 먼저 소파에서 어떻게 자고 있어야
할까라는 문제부터 해결해야 하네. 앉아서 잘 수 있는 위치를 찾아보게.
(배우는 자세를 바꾼다.) 아니, 아직도 썩 편안해 보이지 않는군. 어떻게
해보지? (배우가 새로운 위치를 찾는다.) 훨씬 낫군. 하지만 다리를 믿을
수 없는걸. 다리를 끌어안고 자면 어떻겠나?

－리자는 신 벗기를 꺼려하지 않았을까요? 위험한 상황이 발생하자마자
벌떡 일어나기 위해서는 조심해야만 하니까요.

－리자는 없네. 자네만 있을 뿐이야, 카차. 그리보예도프가 희곡을 쓸
때 자신 앞에 그려본 리자를 우리는 모르네. 만약 리자의 상황에 처해졌
다면 나는 어떻게 할까? 라는 질문에 정직하게 양심에 따라 대답함으로
써 그녀의 행동을 추측해 볼 뿐이야. 그리고 말이 아니라, 행동으로 대
답해야 하네. 아울러 행동은 허구의 인물인 리자에 의해서가 아니라, 여
러분 자신이 해야 하네. 제시된 상황을 고려하여 연극적 상투성이 아니
라, 본성의 법칙에 따라 논리적으로 행동하게 되면, 리자의 행동에서 카
차의 행동을 구분해 내기 어려운 그런 때가 올 것이야. 여러분 자신은
이것이 어떻게 일어나는지 알지 못하므로 아직까지는 어떠한 형상이나
어떠한 희곡도 없네. 단지 기본적인 희곡의 상황, 외적인 사실만 있을
뿐 그 외에는 아무 것도 없어. 자네가 신을 벗어야 할 지 아닐지 말해주

지는 않겠네. 자네 자신이 나중에 결정하게. 현재로는 이렇게도, 저렇게
도 해보게.

─만약 제 침대가 아니라 이 응접실의 소파와 같은 낯선 장소에서 잠들
었다면 무엇보다 여기가 어디지? 내가 왜 여기에? 라는 질문이 떠오를
것 같아요.

─아직 응접실도 없네. 기둥, 샹들리에, 그림이 그려진 천정이 있는 이
방만 있을 뿐이네. (수업은 스타니슬랍스키의 집, '오네기 홀'에서 이루
어지고 있었다.) 항상 지금의 자네를 둘러싸고 있는 실제의 상황만 믿도
록 하게. 이 집이 왜 파무소프의 집이 될 수 없겠는가? 그리보예도프가
작품을 쓸 때 레온티옙스키가(街)의 바로 이 집을 염두에 두었다는 말도
있는데. 여하튼, 아직까지는 이것은 중요하지 않네. 중요한 것은, 여러분
이 그 어떤 상상의 응접실에서가 아니라 여기, 오늘의 이 상황 속에 자
기 자신이 있다는 것을 느끼는 것이야. 누군가, 어디선가, 언제인가, 즉
우리가 알 수 없는 어떤 리자가 우리가 모르는 백 여 년 전의 파무소프
의 집에서가 아니라 여기, 오늘, 지금 내가 행동하는 것 처럼 항상 행동
해야 하네. 자네가 말한 것도 맞는 말이네만, 자네는 '자는 것'과 '자지
않는 것' 사이에 있는, 즉 잠이 깰 때 가장 먼저 해야 하는 것을 놓쳤어.
그것이 무엇일까? 스스로 점검해 보게.

─잘 모르겠어요, 어디서부터 잠을 깨워야 할지.

─그걸 결정해야지. 그리고 결정은 다양하게 할 수 있네. 꿈결에 잘못
뒤척이다 중심을 잃는 것부터 시작해서 잠이 깰 수도 있지. 한번 해보
게. 그럼 이번에는 우리가 자명종 소리로 자네를 깨워보겠네. (자명종
소리를 흉내 낸다.) 옆방에서 음악 소리가 그치거나 창문 너머로 얼굴에
쏟아지는 아침 햇살로 인해 잠을 깰 수도 있지. 자네 행동의 논리에 가
장 적합한 것을 고르기 위해 이 모든 것을 직접 다 해보게. 그럼 이제는
주위를 둘러보고 자네가 지금 어디에 있으며, 무슨 일로 여기에 오게 되
었는지 생각해 보게.

─제가 둘러보는 동안 창이 밝았다는 것을 알았으므로 지금 몇 시인지

확인해 볼 것 같아요. 늦잠을 잤네요. (배우는 시도해 보고 행동과 동시에 말하고 있다.)

―그러면 어떤 일이 생길지 알고 있나?

―큰 불행이 생기죠.

―어떤?

―쫓겨날 수도 있어요. (큰 웃음소리)

―마구간에서 회초리로 때린 다음 '새나 쫓으러 다니도록' 두메산골로 유형을 보내겠지.

―저기, 콘스탄틴 세르게예비치. 참석자 중 한 명이 대화에 끼어들었다. 선생님께서 아직까지는 등장인물의 삶의 상황에는 관심을 가지지 말고 단지 줄거리 뼈대만 가져오는 거라고 말씀하셨잖아요.

―나는 배우에게 아직 필요하지도 않은 정보로서 쓸데없이 부담을 주는 것은 시기상조라고 말했네. 하지만 필요에 따라 상황을 덧붙일 필요가 있네. 이제 그런 필요성이 발생했으니, 연출가는 항상 완전 무장하고 있어야지. 자네들은 이렇게 상황을 부가함으로써 모든 행동이 보다 더 긴박해진다는 것을 느꼈겠지. 늦잠을 자거나 하품을 하며 빈둥거림으로써 나에게 혹은 남에게 끔찍한 재앙을 불러올 수도 있지. 즉 이것은 단순히 시간을 확인하는 것, 예를 들면 약 먹을 시간을 확인하기 위한 것이 아니라 지극히 적극적인 행동이네. 아직 리듬에 대해서는 생각하지 말고 각각의 미세한 신체 행동을 꼼꼼하게 점검하고 진실의 마지막 단계까지 충분히 끌고 가보게. 그 다음은 뭔가?

―연인들에게 위험이 다가오고 있음을 다급히 알려야만 해요. (문으로 다가간다. 방안에는 아직까지 밀회가 진행되고 있다. 열쇠구멍에 대고 소리 지른다.) '저기, 헤어지세요, 벌써 아침이에요!'

―하지만 그들이 아직 거기 있다는 것은 어떻게 알았나? 자네가 자고 있는 동안 벌써 나갔는지도 모르잖나? 제일 먼저 확인해봐야지, 그 쪽을 엿본다든지……

―그들은 거기에 '딱 달라붙은 채' 앉아있다고 희곡에 나와 있어요. 누군

가 상기시켜 주었다.

－자네에게 이 문을 절대 열지 말라는 아주 엄격한 명령이 내려졌다면?
스타니슬랍스키가 새로운 상황을 덧붙였다.

－그렇다면 어떻게 해야 되죠? 어떻게 해야 할지 정말로 안절부절 못하
며 배우가 물었다.

－자네는 벌써 과제의 어려움 때문에 두려워하고 있군. 자네는 이미 내
적 체험을 하고 있네. 기초적인 신체적 행동 이외에는 아무 말도 하지
않았음에도 불구하고 바로 여기에 방법－내적 체험은 저절로, 신체와 정
신의 연결 법칙에 따라 반사적으로 발생한다－의 중요한 비밀이 있는
걸세. 논리적으로 바르게 행동하고 자네 행동의 진실성을 믿는다면 그
것은 올바른 것일세. 왜냐하면 내적 체험은 행동의 진실성에 대한 믿음
으로부터 오는 것이거든.

다음 날 수업에서는 몇몇의 논리적이고 필수적인 행동을 놓쳤다는 사
실이 드러났다. 그리고 학생들은 전날에 우연히 소파가 놓여있던 바로 그
자리에 다시 소파를 놓는 것부터 수업을 시작하였다. 이때 스타니슬랍스
키는 다음과 같이 말했다.

오늘의 과제는 어제 적용했던 것을 틀에 박힌 듯 찍어내는 것이 아니라
진실을 추구하면서 모든 과정을 다시 실행하는 것이야. 어제 찾아졌던
신체적 행동은 오늘에 맞게 수행되어져야만 하네. 여러분은 행동의 선
(line), 즉 자신이 무엇을, 어떤 연속성 속에서, 무엇을 위해, 무엇 때문
에, 무슨 이유로, 어떻게 하고 있는 가를 확실히 알고 있어야만 하네. 이
러한 의미에서 마음을 차분히 가라앉히고 무의식을 믿어보게. 매일 똑
같은 것을 반복하여 적용한다면 행동을 찍어내는 것은 아주 쉽지. 하지
만 그러한 적용은 이미 더 이상 행동이 아니며 상투적인 것으로 변하고
마네. 에카테리나 알렉세예브나, 자네 역시 만약 옆방에서 대답하지 않

는다면 어디로 달려가야 할지, 어떻게 행동해야 할지에 대한 방향 설정을 하고자 하는 노력을 그만 둔 채, 어제의 수업 때 수행했던 단순한 근육의 기억에만 의존하여 오른쪽이나 왼쪽으로 달려가야 한다는 것만 확신하고 있었네. 내가 여러분에게 제시하는 것은 자신이 어떻게 이것을 하였는지 잊어버리고 오로지 행동의 논리만 고정시키는 것일세. 레오니도프가 말한 것처럼, 칠판의 분필 닦기로 지워버리고 오늘 다시 쓰기 위해 어제의 모든 것을 기억에서 지워버릴 수 있어야 하네. 무대로 나갈 때 희곡은 '잊어버릴 수' 있어야 하지.

스타니슬랍스키는 그와 가까운 연극 예술가들조차 시스템의 본질을 이해하지 못하고 있다는 말을 자주 하였는데, 그것은 배우가 역할이 내적으로 무르익기도 전에 외적으로 고정시키거나 어느 날 무의식적으로 얻어진 것을 상투적으로 반복하고자 서두르는 것이 그 증거라고 했다.

내가 상투적으로 변해버린 행동을 거부하고 유기적인 과정을 다시 회복하기 위해 애쓰고 있을 때, 이것을 이해하지 못한 배우들이 '스타니슬랍스키는 또 다시 모든 것을 고치고 있다! 어제는 칭찬하더니, 오늘은 욕을 하니……'라고 불평하였다. 하지만 어제 내가 칭찬한 것은 미장센이 아니라 바로 유기적인 방법에 의해 얻어진 배우의 행동의 정확성 때문이었다. 그런데 오늘은 벌써 근육의 기억에 의해 기계적으로 반복되고 있었기 때문이다.

그리하여 새로운 세대들은 자신 속에서 진실되고 유기적인 행동을 위한 합리적인 장치를 만들어 낼 수 있도록 훈련 받아야 했다. 그리고 그들은 역할 작업을 위한 올바른 방법―매번 동일한 결과를 반복하는 것이 아니라 모든 경우에 살아 있는 과정으로 갱신시키는 것―을 획득할 수 있도록 해야 했다.

학생들로 하여금 익숙한 미장센을 반복할 가능성이 있는 것을 없애고 오늘 다시 방향 설정을 위한 노력을 기울이도록 하기 위해 스타니슬랍스키는 자신의 연출용 소파를 연습실 정반대편으로 옮겨달라고 부탁했다. 연출에게 등을 보이고 있음을 느낀 배우는 리자의 소파도 돌리려고 했으나 스타니슬랍스키가 제지하였다.

－소파를 어디에 놓든 자네 행동 논리의 측면에는 아무런 차이가 없지 않겠나? 자네 생각에 밀회는 어디에서 이루어졌나? 그가 물었다.
－옆방에서요. 제 왼쪽에 있는 문이 그리로 통합니다.
－그렇다면 위험은 어디서부터 발생할 수 있나?
－현관에서요. 오른쪽 문이 그리로 통합니다.
－자네가 항상 눈을 떼지 않고 감시하고 있어야만 하는 문은 어떤 문인가?
－현관으로 가는 문이요, 거기에서 파무소프가 나타날 수가 있으니까요.
－그러므로 소파를 내 쪽으로 돌리는 것은 전적으로 비논리적이네. 미장센의 관점에서 관객에게 등을 돌리고 있는 자네의 새로운 위치는 보다 더 흥미롭고 뜻밖의 것이 될 수 있네.

리자 역의 여학생은 이러한 새로운 상황에 관심을 기울이며 어제의 행동 고리에 새로운 것－현관에서 무슨 일이 일어났는지 확인해 보는 것－을 하나 더 추가하였다. 하지만 그녀가 방안에 앉아 있는 연인에게 말하면서 그들을 재촉할 때는 이 위험한 문 쪽으로 관심을 기울이지 않았다.

한편 그녀의 행동에 다음과 같은 새로운 세부 행동들이 나타나기 시작했다. 즉 그녀는 불편한 자세로 꿈에서 깨어난 이후 굳어진 팔다리를 펴주고 하품을 하고 구겨진 치마를 바로잡고, 눈을 가리고 있는 머리카락을 정돈해야겠다는 생각이 떠올랐다.

스타니슬랍스키는 이처럼 여학생에게 이미 지나간 것을 반복하면서도 끊임없이 새로운 세부사항을 찾으려는 노력을 계속하도록 재촉했고, 이러한 목적을 위해 행동을 위한 새로운 상황을 제시해 주기도 했다. 이때 그는 배우에게 무엇보다도 먼저 역할의 상황 속에서 자기 자신을 연구해야만 하며, 그 다음 작가의 텍스트로 향해야 한다고 말한다. 그리하여 작가(그리보예도프)의 텍스트를 즉시 말로 옮겨내고자 하는 그녀의 시도는 그만두도록 했다.

> 작가는 자신이 만든 상황 속에 등장인물을 배치하고 마음속으로 그들로 하여금 행동하도록 강요한다. 이러한 과정을 거치고 행동은 말 쪽으로 끌려가게 된다. 하지만 우리는 단순히 이러한 사실만으로는 절대 역할과의 전적인 결합을 이룰 수가 없다. 왜냐하면 가장 중요한 것－말이 잉태되는 바로 그 과정－을 놓치기 때문이다. 내가 여러분에게 제시하는 길은 바로 삶 자체의 길이므로 그 길을 꽉 잡아야 한다.

한편 리자 역할의 배우는 작가의 생각에서 다른 방향으로 벗어나 있었는데, 그것은 지체되고 있는 밀회를 중단시키고 소피야와 말찰린을 겁주기 위해 그리보예도프가 제시한 리자의 논거를 사용하지 않았기 때문이었다.

> －지금이 무엇보다도 중요하네. 스타니슬랍스키가 말했다. 지금 자네는 비록 그것이 썩 좋은 것은 아니라 할지라도 자신에게 필요한 말을 찾고 있고, 드디어 찾았네. 배우가 완성된 텍스트를 바로 받게 되면 더 이상 말을 찾으려고 하지 않지. 삶에서처럼 텍스트가 만들어지지 않았기에

어느 정도는 의식적으로 텍스트를 보게 되네. 하지만 텍스트를 보고 하는 것은 말의 행동이 아니지. 처음에는 배우가 행동을 위해 필요한 말을 찾고 고민하도록 놔두게. 왜냐하면 이것은 나중에 배우로 하여금 작가의 시적인 텍스트를 보다 더 소중히 하도록 만들어 줄 것이네. 하지만 이때 배우가 작가로부터 너무 멀리 벗어나지 않도록 해주어야 하네. 만약 배우가 생각의 일관성을 무시함으로써 실수를 한다면 그것을 바로잡아 주어야 하지. 생각의 논리는 작가로부터, 말은 배우로부터 오는 것인데, 아직까지 배우는 이러한 논리를 확실하게 자신의 것으로 만들지 못했네.

─그렇다면 언제, 작업의 어느 시점에서 배우는 작가의 텍스트로 옮겨갈 수 있나요?

─필요성이 무르익게 될 때. 예를 들어, 자네가 끔찍한 위험을 피하기 위해 파무소프를 데리고 온다면 배우는 그제야 안도의 한숨을 쉬며, '덕분에 불행에서 벗어났구나!'라고 혼잣말을 할 것이야. 이러한 순간이 행동의 논리 속으로 들어와 견고해지면, 배우는 자신의 빈약한 생각을 대체하는 그리보예도프의 풍성하고 명확한 생각을 진정으로 붙잡게 될 것일세.

그 어떤 비애보다 더 무서운
주인님의 분노와 아가씨의 사랑이 우리를 지나가길.

위의 리자의 대사는 이미 내적 기반을 가진 채 배우가 그 전에 찾은 안도의 한숨과 결합함으로써 필요한 것이 되는데, 그것은 관객에게 이와 같이 재치 있는 경구를 말함으로써 웃음과 박수를 받기 위해서가 아니라, 말행동을 위해 진정 필요한 것이기 때문이다.

신체적 행동은 말의 발화을 준비하는 것이지 그 반대는 성립하지 않는다. 그래서 스타니슬랍스키는 배우에게 암기한 말에서 행동으로가 아니라, 행동에서 말로 역할 작업을 할 것을 제안한다. 이때 무대적 사실은 작가에 의해 이미 결정되어 있다.

예를 들면 리자가 시계를 옮기고 있을 때 방으로 파무소프가 들어온다. 이러한 사실은 이미 작가에 의해 제시되어 있지만, 이때 리자는 무슨 일을 할 것인가? 이렇게 이른 시간에 자신이 여기 있다는 것을 정당화하고, 의심을 피하기 위해 시계의 숫자판을 닦고, 방을 청소하고 있는 척 할 수 있을 것이다. 청소는 그녀의 당혹감을 감춰 주고 파무소프의 의심을 피하게 해 준다. 그리고 그녀는 그의 질문을 받아넘기고 눈을 쳐다보지 않은 채 거짓말을 할 수 있을 것이다. 그러므로 이러한 행동은 작가의 것이 아니라, 바로 배우의 것이다. 왜냐하면 희곡에는 이것에 대해 한마디도 적혀있지 않기 때문이다.

이처럼 희곡에 대한 실제적인 행동 분석은 역할에 대한 배우의 차후 작업 전반에 견고한 기반을 제공한다. 배우가 역할에 접근하는 첫 번째 단계를 어떻게 실현하느냐에 따라 창조를 위한 최종 결과의 성공여부가 전적으로 달라진다.

[4] 역할의 무대 외적 삶

사실 및 사실에서 기인한 행동을 설명하다보면 과거 및 미래의 일을 고려하게 되는데, 이것은 끊임없이 무대적 사건의 틀 밖으로 나가야 할 필요성을 의미한다. 사실 희곡은 우리에게 등장인물의 현재의 역할을 정의하는 삶의 몇몇 단편들만 제공해 줄 뿐이다. 그러나 스타니슬랍스키가 말한 것처럼 현재란 과거로부터 미래로의 이동지점일 뿐이다.

과거는 현재의 뿌리이다. 과거 없이는 현재가 있을 수 없고, 과거 없이는 미래에 대한 전망도 없다. 과거에 대한 상상 없이는 장래에 대한 추측도 암시도 없다. (4권, 81쪽)

역할의 과거, 특히 배우의 무대 등장에 앞선 과거에 대한 연구의 필요성은 실제작업에서 처음부터 발생한다.

『지혜의 슬픔』 1막을 검토해 보자. 우리는 리자의 행동을 명확하게 정의하기 위해 그녀로 하여금 소파에서 밤을 지새우도록 만든 상황을 설명할 필요가 있다. 작가는 이것에 대해 무엇이라고 말하는가? 우리는 희곡으로부터 리자가 소피야에게 자게 해달라고 부탁했는데도 거절당했고, 이에 대해 불만을 토로했다는 것을 알고 있다.

하루 종일 집안의 허드렛일로 분주했는데, 이제는 주인 딸의 방 앞에서 불면의 밤을 보내고 '의자에서 굴러 떨어질 때까지' 앉아 있어야만 한다. 이 모든 것의 책임은 바로 리자가 결코 동정하지 않는 소피야의 '망할 놈의 연애', 낭만적인 몽상 때문이다. 리자는 소피야에게 자신의 생각을 말하고, '이런 사랑은 영원히 어떠한 이득도 될 수 없다.'라고 확신하였다. 리자는 위선자 말찰린을 대수롭지 않게 생각했다. 그가 소피야를 사랑하지 않는다는 것을 잘 알기 때문에 그와는 인사도 하지 않았다. 또한 리자는 그들의 비밀스러운 밀회에 대한 방조로 인해 처벌을 받을까봐 두려워한다. 그들에게 잔인한 형벌이 내려질 것이다. 분명 파무소프는 딸 소피야를 가두고, 자신과 말찰린은 '저택에서 쫓겨날 것이다'. 하지만 누구보다도 먼저 파무소프는 딸의 행동에 대한 책임을 지고 있는 리자에게 벌을 내릴 것이다. 그래서 그녀는 소피야에게 '아가씨에 대한 책임은 전적으로 나한테 있다고요.'라고 책망하였다.

이 모든 상황으로 인해 우리는 지체되고 있는 밀회를 중지시키고자 애쓰는 리자의 첫 번째 에피소드뿐만 아니라, 그녀가 무대에서 다른 등장인물들과 처음으로 만나게 되는 이후 장면에도 관심을 기울이게 된다. 사실 희곡의 시작 이전에 그들의 상호관계가 어떻게 이루어져 있는지 알지도 못한 채 그들의 올바른 상호관계를 설정할 수 있을까? 무대에서 역할의 삶은 시작되는 것이 아니라 항상 계속되고 있는 것이다.

이 모든 것에 대해서는 리허설 작업 전에 반드시 논의해야 한다. 그러므로 스타니슬랍스키는 상상 속에서 제시된 모든 것을 실제작업에서 점검해 볼 것을 권장하며, 이를 위해 무엇보다도 성공적으로 무대적 사건 및 등장인물의 상호관계를 준비하고, 배우의 상상 작업을 촉진시켜 역할의 삶으로 배우를 인도하는 과거의 에튜드를 만드는 것이 적절하다고 충고했다.

예를 들어 보자. 리자, 소피야, 말찰린이 무대에서 만나기 전에 과거의 사건에서 에튜드로 만난다고 생각해 볼 수 있다. 우리는 리자가 철없는 주인 딸의 무모한 계획에 어떻게 반대할지, 한밤중의 밀회에 대해 어떠한 반대 의견을 제시할 지, 그리고 소피야 또한 어떻게 하녀의 반대를 꺾어버리고 또 다시 밤새 자신의 방을 지키라고 명령할 지에 대해 생각해 볼 수 있다.

소피야는 어떠한 어조로 리자에게 말할 것인가-동의를 구할 것인가? 아니면 명령을 할 것인가? 이를 위해 그들의 상호관계를 명확히 할 필요가 있다. 리자는 농노이므로 소피야가 그녀를 억누를 필요가 있다면, '자, 쓸데없는 고집은 부리지 말아라.'라고 말하며 자신의 뜻대로 하면 된다. 그런데 리자는 소피야의 유일한 심복이며, 자신의 애정 행각에 있어서 중개자, 동맹자, 조언자이다. 즉 거의 친구이자 고민을 상의하고 마음을 터놓을 수 있는 사람이다. 따라서 소피야에게 있어서 리자의 애착을 잃는다는 것은 위험한 일이다. 만약 그녀가 파무소프에게 이르기라도 한다면 모든 것이 끝이다. 그래서 소피야는 어느 정도 리자에게 매여 있다.

배우에게 직접적으로 발생한 이 모든 질문들은 에튜드에서 만나게 되자마자 행동으로 옮겨진다. 마침내 명령이 떨어지고 리자는 말찰린을 밀회 장소로 데려와야만 한다. 그녀는 자신에게 치근대며 선물로 환심을 사고 자기 방으로 유혹하고자 하는 말찰린에 대해 어떻게 처신할 것인가? 그는 소피야를 사랑하지 않을 뿐만 아니라 그녀를 존경하지도 않는다는 사실이 자신을 초조하게 만든다. 게다가 그는 만일을 대비해 밀회 장소에도 업무 서류들을 품에 안고 올 정도로 겁쟁이이다. 그래서 늦은 밤 주인 딸과의 밀회를 위해 그를 데려올 때 그녀는 어떻게 처신을 해야 할까? 그러나 말찰린은 소피야를 꼬실 수 있는 이 기회를 절대 놓칠 사람이 아니다.

그리보예도프의 시대에 존재할 수 있었던 주인 딸과 하녀의 상호관계 및 이 두 여자와 집주인 비서와의 상호관계에 대해 배우에게 강의를 하는 것과 '한밤중의 밀회'라는 주제의 에튜드를 수행하기 위해 배우 스스로 작가의 텍스트에서 필요한 정보를 끄집어내어 자신의 상상력으로 풍부하게 만드는 것과는 엄청난 차이가 있다. '한밤중의 밀회' 에튜드는 무대에서 직접적인 행동을 위한 훌륭한 조율이 될 수 있으며, 희곡의 제시된 상황에 대한 연구가 될 수 있다.

마침내 리자는 혼자 남아 닫힌 문 앞에서 접근을 막는 보초 역할을 한다. 하지만 밀려오는 잠은 어떻게 버틸 것인가? 아마도 그녀는 어떤 일감을 가져와서 촛불 아래에서 뜨개질이나 바느질을 하려고 하지 않았을까? 점점 그녀는 잠 속으로 빠져들며 1분만 자야겠다고 생각한다. 소파에 앉은 그녀는 밀회가 이번에는 너무 오래 지체되지 않기를 바라고, 만일 그렇지 않으면 모두에게 불행이 닥칠지도 모른다는 생각을 했을 것이다. 왜냐하면 그녀는 파무소프가 새벽에 일어나 집을 한 바퀴 둘러보는 것이 습관이라는 것을 알고 있기 때문이다.

텍스트의 암시들에 개의치 않고 이렇게 상상한 배우는 에튜드를 시작한다. 이전에 찾았던 행동에 새로운 것들이 추가된다. 손에는 일감이, 식탁에는 촛불이 등장했다. 이후 무릎에서 떨어진 바느질거리를 바닥에서 주워 올리고, 촛불을 끄고 놓아둘 수 있는 장소를 찾아야 한다. 만약 파무소프 앞에서 밤에 보초를 서고 있던 흔적을 숨겨야 한다면, 이것은 그와의 대화에 리듬을 촉진시켜 줄 것이다. 이처럼 '무대 뒤 분장실'의 삶에 대한 에튜드는 배우를 무대적 행동으로 이끌어갈 뿐 아니라 새로운 세부사항들로써 행동을 풍부하게 만들어 사건의 진실성에 대한 배우와 관객의 믿음을 공고히 해준다.

질질 끌던 밀회가 끝나자, 소피야와 말찰린이 밖으로 나와 작별 인사를 하고 헤어진다. 그러나 작별인사를 하는 단순한 행동을 하는 데 있어서도 각자가 자신이 어떻게 처신해야 할지를 모르고 있다면, 한밤중의 밀회가 서로 간에 어떠한 상호관계를 형성하였는지 모른다는 사실을 증명하는 것이다. 그리하여 말찰린이 소피야에 대해 지나치게 가족적으로 대하거나 혹은 소피야가 그에 대해 지나치게 공식적으로 처신한다면, 그들 사이에는 어떠한 접촉도 이루어지지 않았음을 암시하는 것이다.

스타니슬랍스키는 즉시 배우들을 멈추게 하고, 그들이 이 밤을 어떻게 보냈을 지를 생각해 보라고 제안하였다. 희곡에 의하면 그들은 아침 직전까지 플룻과 피아노 이중주를 연주하고 있었다. 그러나 이때 파무소프가 나타난다면, 말찰린의 손에는 플룻이 쥐어져 있어야 한다. 하지만 연주

중간에는 그들 사이에 과연 어떤 일이 벌어졌을까? 포옹, 키스, 아니면 일정한 거리를 유지한 채 일반적인 주제를 가지고 낭만적인 대화를 했을까? 이 점에 대해서는 다양한 제안을 할 수 있다. 만약 말찰린이 소피야의 말을 믿었다면, 그는 그녀와의 이번 밀회에서 '분명히 낮에 사람들이 있을 때보다 더 조심스럽게 처신했을 것이다. 그는 어떻게 처신했는가? 이에 대해 소피야는 다음과 같이 말한다.

> 그는 손을 가져갔다, 심장을 쥐어짜고,
> 가슴은 깊게 한숨을 내쉬고,
> 허물없는 말, 이렇게 밤은 모두 지나가고,
> 손을 붙잡고, 그리고 눈은 나에게서 떼지 못했다.

하녀조차 비웃는 그들의 관계에서 이와 같은 낭만적인 특성을 정당화하기 위해서는 무엇이 소피야를 말찰린에게 끌리게 하였는지를 설명할 필요가 있는데, 이것은 그의 거짓된 겸손함과 어떠한 상황에서의 자제력으로 설명될 수 있을 것이다. 스타니슬랍스키는 배우에게 많은 다양한 설명들을 제공해 주는 문학적, 연극적 주석이 아니라 개인적 삶의 경험에 의존할 것을 요구하였다. 배우들이 자신으로 하여금 소피야가 말한 그대로 행동하도록 만드는 상황을 찾았을 때-예를 들면, 소피야의 손을 잡아 자신의 손에 꼭 쥐고 있는 것은 말찰린에게 있어서 중대하고 복잡한 행동-이것은 밀회의 절정이 된다.

이와 같은 '무대 뒤의 분장실' 에튜드 작업은 스타니슬랍스키의 지도하에 학생들이 자기 자신으로 희곡의 상황 속에서 자유롭게 행동을 시작하기 전까지 계속되었다.

스타니슬랍스키는 역할의 무대 외적 삶에 대한 에튜드를 스튜디오에서 학생들에게만 국한 것이 아니라 숙련된 배우들과도 하였다. 예를 들어, E.M. 고르차코프는 므하트(모스크바 예술극장) 배우들과 작업했던 〈지혜의 슬픔〉 1막 리허설 중 하나를 다음과 같이 기록하고 있다.

리자(안드롭스카야)가 잠을 깨려고 기지개를 켜자마자 스타니슬랍스키의 목소리가 울렸다.

─리허설을 중지시켜 미안합니다. 그가 배우를 향해 말했다. 하지만 안겔리나 오시포브나와 빅토르 야코블레비치, 당신들은 지금 무엇을 하고 있는 겁니까?

─아무것도 하지 않는데요. 칸막이 뒤에서 V.Y. 스타니슬랍스키친과 함께 쳐다보며 A.O. 스테파노바가 대답했다. 우리는 등장할 차례를 기다리고 있어요.

콘스탄틴 세르게예비치: 나는 그리보예도프의 작품 속에서 그러한 행동을 본적이 없습니다. 작품 어디에도 '소피야와 말찰린이 자신이 등장할 차례를 기다리고 있다.'라고 적혀 있지 않습니다.

빅토르 야코블레비치: 콘스탄틴 세르게예비치, 우리말을 잘못 이해하신 것 같군요. 제가 스테파노바와 같이 '출구'에 서 있었던 것은 그리보예도프가 언급한 것을 마음속으로 그리고 있었던 겁니다.

콘스탄틴 세르게예비치: 그렇다면 그리보예도프는 뭐라고 언급하고 있나요?

안겔리나 오시포브나: 소피야는 피아노를 연주하고 있다.

빅토르 야코블레비치: 그리고 말찰린은 플룻을⋯⋯

콘스탄틴 세르게예비치: 그럼 그 외에는? 그들이 계속하여 플룻과 피아노만 연주하고 있었던 것은 아닙니다. 리자가 그들을 불렀을 때, 이미 소피야의 방에서는 음악소리가 들리지 않았어요. 그렇다면 거기에서 무슨 일이 있었을까요?

빅토르 야코블레비치: 말찰린이 소피야와 이별하고 있어요.

콘스탄틴 세르게예비치: 어떻게요?

배우들은 생각에 잠긴다.

콘스탄틴 세르게예비치: 당신이 말했잖아요, 등장을 기다리는 소피야와 어떻게 시간을 보낼지 마음속에 그려본다고.

빅토르 야코블레비치: 그런데 그리 명확하지는 않았을 수도……

콘스탄틴 세르게예비치: 어쩌면 무대로 등장하기 전까지 필요한 것은 마음속에 그려보는 것이 아니라 무엇을 하는 것, 즉 행동하는 것 아닐까요?

안젤리나 오시포브나: 우리가 이 모든 것을 다 해야 하나요?

콘스탄틴 세르게예비치: 한번 해 보세요. 피아노를 쳐보세요. 음악과 어떻게 맞출지 결정하고.

안젤리나 오시포브나: 소피야가 연주한 것처럼요.

스테파노바 안젤리나 오시포브나(소피야)가 피아노에 앉아 아주 수줍어하며 소피야와 말찰린 듀엣곡의 간단한 멜로디를 연주하였다. 스타니슬랍스키친 빅토르 야코블레비치가 그녀의 맞은편에 서서 입술을 플룻에 대고 소리 없이 연주를 하는 시늉을 했다. 15~20초 후에 그들은 연주를 멈추었다. 스타니슬랍스키친은 스테파노바가 발을 올려놓은 낮은 의자로 다가가 앉은 다음 부드럽게 그녀의 손을 잡아 자기 손에 포개었다. 손을 꼭 쥐고 숨을 내쉰 뒤 심장 쪽으로 가져갔다. 스테파노바도 그에게 숨소리로 대답했다.

안젤리나 오시포브나: 됐나요? 콘스탄틴 세르게예비치?

콘스탄틴 세르게예비치: 됐나요? 밀회는 시작조차 하지 않았습니다.

빅토르 야코블레비치: 설마요? 우리는 오랫동안 밀회를 하고 있었던 것 같은데요.

콘스탄틴 세르게예비치: 두 명의 청춘 남녀가 밤새도록 한 방에 둘만 있다는 것은 그리 간단한 일이 아닙니다. 여러분은 단지 그리보예도프가 언급한 것만 했을 뿐입니다. 하지만 말찰린이 무려 6시간 동안이나 소피야 옆에 서 있거나 앉아 있었다고는 생각하지 않겠지요? 그렇다면 그의 다리는 이미 무감각해졌고 쥐가 났을 겁니다. 소피야도 마찬가지입니다. 그러니까 여러분은 이미 서로 완전한 애정 무언극을 연기할 줄 알아야 한다는 겁니다. 그렇다고 내가 애정 행각 비슷한 어떤 것을 암시한다고 생각하나요? 물론 아닙니다. 오히려 여러분들의 짧은 장면의 시연은, 빅토르 야코블레비치, 내 생각에 자네가 자신의 두 손으로 소피야의 손을 '주무르는 것'(이렇게 표현할 수 있다면)은 그 시대로서는 있을 수 없는 일입니다. 또한 소피야는 그가 그렇게 하도록 절대로 내버려 두지도 않았을 겁니다. 말찰린에게 있어서 이 밤은 피로하고 두려운 시간입니다. 그는 이미 닷새 밤이나 자지 못했습니다. 그러나 그녀만 좋다면 아무래도 괜찮아요. 그는 소피야의 방문을 향해 침울한 시선을 던집니다. 그와 아침 6시에 헤어진 그녀는 12시까지 잠을 잘 수 있지만, 그는 7~8시경에 파무소프에게 가야 합니다. 파무소프는 노인이라 잠이 없으므로 일찍 일어납니다.

'밤중의 밀회' 에튜드에 대한 긴 작업 이후, 스타니슬랍스키친은 '말찰린의 입장에서는 미칠 것 같을 겁니다. 그는 아마도 사우나에서 나오듯 소피야의 방에서 나올 것입니다.'라고 말하였다.

콘스탄틴 세르게예비치: 그렇다면 당신은 무대로 등장하면서 그렇게 느낀 적이 있나요?
빅토르 야코블레비치: 아니요, 리자 외에 누군가가 있다면 숨어서 나가려고 애쓸 겁니다. 우리가 누군가의 목소리를 들을 수도 있겠지만, 말찰린에게 그런 가능성은 부여하지 않았습니다.
콘스탄틴 세르게예비치: 됐어요! 배우로서 당신에게 이미 선물이 주어졌어요. 방에서 신체적 행동선(line)을 정확하게 수행함으로써 당신은 다시 말찰린의 형상으로 다가가게 되었어요. 아마도 그의 성격에 대한 많은

새로운 자질들을 찾게 될 겁니다. 하지만 이것은 형상으로의 선(line)을 따라가는 여정의 시작일 뿐입니다.

안젤리나 오시포브나: 세상에! 당신이 밤의 '제형태(variations)'라고 언급한 '애정장면'으로 인해 고생하던 우리가 드디어 리자의 소음으로부터 벗어나게 된 건가요, 콘스탄틴 세르게예비치?

콘스탄틴 세르게예비치: 그래요, 말찰린과 소피야의 작업은 쉽지 않았어요. 그리고 그 시대의 애정 스타일을 아는 것도 쉽지 않아요.[6]

또한 아침까지 잠자지 않고 있던 파무소프(루시스키)와 이 시간에 썰매를 타고 파무소프의 집에 도착한 차츠키(카찰로프)도 그런 종류의 '무대 뒤 분장실' 에튜드를 수행했다. 역할으로서가 아니라 자신으로서 차츠키 역의 배우는 자신의 등장에 앞서 일어났던 모든 일을 모른 채 무대에 등장할 수 있지만, 그는 단지 아는 아가씨의 집에 그저 들르러 온 것이 아니라 '소리를 울리며 설원을 밤낮으로 달려' 그녀에게로 '쏜살같이' 달려온 것이다.

이때 스타니슬랍스키는 다음과 같은 문제를 제기했다. 썰매에서 내리자마자 차츠키는 어떻게 파무소프의 집으로 들어갔을까? 아니 더 정확히 말하면 파무소프의 집안으로 어떻게 밀고 들어갔을까? 또한 그는 소피야의 방문을 열기 전에 어떤 행동을 수행해야만 할까?

역할 작업에 대한 스타니슬랍스키의 메모에서 우리는 차츠키의 무대 뒤 삶의 순간에 대해 자세히 적어놓은 내용을 발견하였는데, 거기에는 그가 배우에게 '무대 뒤 분장실' 행동에 대하여 어떤 세밀한 연구를 했는지 명확하게 기술되어 있다. 자신의 연출 계획에서 스타니슬랍스키는 희곡에 근거하여 현재 및 과거의 상황을 자세하게 연구했을 뿐만 아니라, 막

---

6) E.M. 고르차코프, 『배우와 연출 작업에 관한 스타니슬랍스키』, BTO, 1958, 110-116쪽.

간에 등장인물들에게 무슨 일이 생겼는지에 대해서도 대단한 관심을 표명하였다. 만약 이와 같은 무대 뒤의 순간들을 무시했다면, 형상에 대한 삶의 끊임없는 선은 형성되지 않았을 것이며, 단지 개별적으로 분산된 단편들로 이루어진 점선만이 남았을 것이다.

한편 역할의 삶의 형성을 위해 무대 뒤의 사건이 무대에서 일어나는 것보다 더 중요한 경우도 있다. 이때 무대 뒤의 사건은 배우의 행동 전반에 걸쳐 흔적을 남긴다.

다시 『지혜의 슬픔』으로 돌아가 보자. 3막의 소피야와 말찰린의 새로운 밀회 사실은 배우 및 관객의 관심으로부터 멀어져 간다. 왜냐하면 밀회가 너무나 지체되는 바람에 여주인은 손님을 맞으러 나가지도 못할 지경이 되었고, 이것에 대해 백작의 딸에게 '서두르지 마세요. 당신을 기다리는 것은 언제나 큰 기쁨이니까요.'라는 비꼬는 질책의 말을 들을 정도였다. 어쨌든 차츠키가 무심결에 방해하게 된 바로 이 밀회는 소피야와 그에게 결정적인 불화를 일으키게 했고, 희곡의 끝부분에서 말찰린을 완전한 실패로 몰고 가게 하였다. 소피야와 차츠키의 첫 번째 대화와 그 다음 차츠키와 말찰린의 대화에는 이러한 밀회에 대한 기다림의 뉘앙스가 드리워져 있다. 이러한 밀회는 소피야 스스로 말찰린과의 밀회를 위해 방문하는 결정적인 장면과도 직접적인 연관이 있다.

과거의 형상 및 그것의 '무대 뒤의 삶'이라는 주제를 통해 스타니슬랍스키는 역할의 삶의 실제적인 느낌을 불러일으키는 에튜드를 만들어 배우의 행동으로 대체하고자 했다. 이때 에튜드는 역할에 빈 점을 채우고, 역할의 제시된 상황을 심화시키며 형상을 통해 배우의 무대적 및 무대 외적 존재 사이의 경계선을 지우도록 도와준다.

과거 없는 현재는 존재할 수 없다. 마찬가지로 미래에 대한 구상(삶 속의 인간과 무대 위 배우의 행동에 영향을 미치는)이나 전망 없이 현재의 존재는 불가능하다. 행동이라는 개념 자체에는 어떤 것의 수행뿐만 아니라, 어떠한 목표를 향한 갈망을 결정하는 것 또한 포함된다. 만일 그렇지 않으면 어떠한 행동도 존재할 수 없다. 배우는 자신의 역할에 대한 과거의 지식 외에 일이 진행되어 감에 따라 역할의 미래와 관련된 모든 것(단, 처음 단계에서는 역할의 가까운 미래에 대해서만) 또한 명확히 이해해야만 한다.

처음에 차츠키는 어린 시절 자신의 친구였던 소피야와의 만남을 갈망한다. 여기에 그의 어떤 전망이 있고 그 다음 친구로서의 애착이 사랑으로 발전하자 새로운 전망이 발생한다. 그는 이미 소피야에게 청혼할 준비가 된 것이다. 이후 차츠키 역할의 배우는 그의 행동을 하는 데 있어서 소피야를 사랑하는 사람으로서 뿐만 아니라 고향을 사랑하는 사람이라는 것 또한 명심해야 한다. 이후에 그의 두 번째 갈망이 첫 번째 것보다 더 강하다는 것이 밝혀진다. 그러나 이 문제는 지금 당장이 아니라 차후에 역할 속에서 모든 것이 보다 더 심화되어 마침내 배우가 일관된 행동을 이해하게 되는 시점에 이르러서야 제기된다.

기억해야 할 것은 역할의 전망은 아직 일관된 행동이 아니라는 것과 그것을 이해하기 위해 내딛는 첫 걸음일 뿐이라는 것이다. 역할에 대하여 자연스러운 연속성을 중요하게 생각한다면 일관된 행동의 정의를 강제로 주입시켜서는 안 된다.

하지만 역할의 근접한 전망에 대해서는 반드시 알아야 한다. 만약 처음 시작부터 차츠키 역할의 배우에게 1막에서 사랑에 빠진 자로서 뿐만 아니라 장래의 데카브리스트(12월 혁명론자)로서 소피야를 방문할 것을 요구했다면 이것은 역할에 대한 강제적인 이행을 의미한다. 그리보예도프의 희곡에서 차츠키의 시민적, 도덕적 성격은 차츠키와 파무소프 사회와의 충돌이 발생함에 따라 드러나는데, 즉 희곡의 일관된 행동이 발전됨에 따라 점차적으로 표출된다. 그러나 배우가 역할을 시작하면서부터 바로 일관된 행동을 간파할 수는 없는 것이며, 그것은 역할의 근접한 전망에 의해 인도될 뿐이다.

예를 들어 보자. 소피야는 말찰린과의 새로운 만남에 대한 전망과 그것에 대한 준비를 한다. 그러나 그 외의 일, 즉 무도회 개최, 손님 초청 및 영접, 집안일에 대한 지시, 새 드레스나 유행 헤어스타일에 대한 근심 등의 일이 있다. 그러나 낮의 사건은 그녀에게 새로운 걱정거리를 안겨주었다. 이것은 자신을 감시하는 아버지의 예민함을 무디게 만들고, 차츠키의 구애에서 벗어나고 스칼라주프의 구혼을 피할 수 있는 방법은 무엇일까 하는 것이다.

한편 불면의 밤을 보낸 말찰린은 소피야 근처에서 새로운 '야간 당번'이 될 준비를 하고, 파무소프 앞에서는 성실한 근무자로서의 역할을 연기한다. 그는 출세를 공고히 하기 위해 꼭 필요하고, 가장 중요하고, 영향력 있는 손님을 어떻게 기쁘게 해 줄 수 있을지, 또는 어떻게 리자와의 정사를 엮을 수 있을지 생각한다. 불명예스럽게 끝난 그의 승마는 무엇을 의미하는가? 분명, 말찰린은 승마를 즐기지 않았고, 자신의 후원자의 의뢰를 수행한 것이다. 또한 파무소프는 무도회 준비보다는 딸의 운명에 대하여 더욱 신경을 쓴다. 그는 말찰린으로부터 그 다음에는 차츠키로부터 소피야를 떼어내려고 애쓰며 유리한 조건의 약혼자인 스칼라주프에게 아첨한다. 아침의 사건 이후 그는 소피야의 결혼을 서둘러야겠다는 자신의 계획을 보다 확신한다.

등장인물들의 이러한 전망과 갈망은 무대적 사건이 발전되어 감에 따라 새로운 뉘앙스와 방향성을 획득해 가며 서로 부딪치고 얽힌다. 시간이 지날수록 보다 멀리 있는 목표를 밝혀내기 위해 등장인물들의 근접 목표를 결정하고, 바로 여기부터 일관된 행동과 관련된 작업을 시작할 필요가 있다.

우리는 지금 작업의 나중 단계에서야 만나게 되는 배우의 전망이 아니라, 역할의 전망에 대해서만 특별히 이야기하고 있다는 점을 강조할 필요가 있다. 다시 말하자면 차츠키를 맡은 배우는 역할의 근접 전망만을 결정하고 나중에 그에게 발생할 것은 계산에 넣지 말아야 한다는 것이다.

예를 들어 차츠키는 소피야와의 결혼이라는 전망을 가지고 2막의 시작으로 향한다. 이후의 사건 진행은 외국으로부터 귀향할 때, 비록 사랑하는 사람을 잃는다 하더라도 포기할 수 없는 다른 어떤 것이 있다는 것을 알려주고 있다. 이제 3막과 4막에 발생한 희곡의 모든 새로운 사실들을 연구하며, 배우는 자신과 다른 사람을 위해 1막과 2막에서 그의 행동을 새롭게 채색해주는 보다 광범위한 역할의 전망을 연다.

이와 마찬가지로 파무소프를 맡은 배우도 자신에게는 딸의 운명을 설계하는 것보다 공작부인 마리야 알렉세예브나를 위한 여론의 수립이 더 중요하다는 것을 깨닫는다. 그리하여 파무소프에게 있어서 약혼자의 선택은 소피야의 행복이나 그녀의 개인적인 취향의 관점에서가 아니라, 위에서 언급한 그의 최종 전망의 관점에서 이루어진다. 여기에서 중요한 것은, 작업에서 필수적인 중간 단계를 뛰어넘지 않고 유기적인 방법을 통해 이러한 최종 전망으로 자연스럽게 접근할 줄 알아야 한다는 것이다.

[5] 초목표를 향한 조준

행동을 통한 희곡 분석, 역할의 상황 속에서 배우 자신에 대한 연구는 인물형상을 만들기 위한 살아 있는 인간적 재료를 축적할 수 있도록 도와준다. 작품의 줄거리는 점점 배우 자신의 개인적인 삶의 경험, 배우의 주변 현실에 대한 관찰들로 채워진다. 매일 새로운 사실들이 펼쳐지고, 등장인물들의 삶의 상황이 심화되며, 그들의 바람과 갈망이 밝혀지고, 행동이 명확해진다.

그러나 개별적으로 선택된 행동이 아무리 올바르고 신빙성 있다 할지라도 하나의 완성체는 되지 못하며 예술적 형상을 이루지도 못한다. 이것은 준비일 뿐이고, 많은 시계 장치의 일부일 뿐이다. 그것을 움직이도록 만들기 위해서는 조립하고 스프링을 감아야 한다. 도대체 이러한 스프링은 작품의 어디에 숨겨져 있을까? 목걸이를 만들기 위해 흩어져 있는 구슬을 꿰는데 필요한 실은 어떻게 찾을 것인가? 이러한 질문들의 제기는 초목표와 역할의 일관된 행동 이후의 작품 전체를 이해하기 위한 첫 걸음이다.

등장인물들의 대화 속에서 희곡의 사상을 찾으려는 시도가 자주 있다. 몇몇 극작가들은 이러한 방법을 이용하기도 한다. 우화에서 작가의 주된 생각은 정확히 도덕이며 인물들 중 누군가에 의해 말해진다. 보드빌의 결론 구절에서 배우는 일반적으로 관객에게 악덕을 비웃고 선행을 칭송하고자 했다고 알려준다. 오스트롭스키 작품에는 간혹 희곡의 제목이 도덕적 표현으로 쓰여 있고 등장인물 중 누군가에 의해 속담의 형태로 말해지기도 한다. 예를 들어 『진실도 좋지만, 행복은 더 좋다』, 『항상 좋은 때만 있는 것은 아니다』, 『가난은 죄가 아니다』, 『자신의 썰매가 아니면 앉지 마라』 등이 그것이다.

그러나 이러한 방법은 극작의 특별한 경우이다. 대부분의 경우 작가의 생각을 인물의 대사나 희곡의 제목에서 찾는 것은 쓸데없는 일이다. 예를 들어 『벨루긴의 결혼』, 『바냐 삼촌』, 『햄릿』, 『십이야』 등의 제목이 그러하다. 차츠키의 독백에는 그리보예도프의 수많은 생각들이 표현되지만 푸쉬킨이 언급했듯이 작가는 주인공보다 더 영리하다. 차츠키는 사랑에 빠진 사람이자 자유로운 사상을 가진 사람으로서 이해할 수 없는 상황에 처해있는 상대자를 쓸데없이 설득하고 심지어 비이성적으로 행동하기도 한다. 따라서 차츠키와 그의 창조주-그리보예도프를 동일시해서는 안 된다. 고골의 『검찰관』과 같은 작품에는 작가의 긍정적인 생각을 진술해주는 긍정적인 인물이 아예 한 명도 없다.

무대 예술에서 사상은 사건, 투쟁, 인물 간의 복잡한 상호관계를 통해 드러난다. 이것에 대해 우선 관심을 가질 필요가 있다. 희곡의 사상을 이해하기 위해서는 투쟁의 주요 매듭을 인식할 필요가 있다. 이를 위해 희곡에서 무엇이 발생했으며 그것의 주요 사건은 무엇인가?라는 질문에 대답하는 것이 필수적이다.

주요 사건을 정의한다는 것은 작품을 전체적으로 파악하는 것이며 근본적인 극적 갈등, 즉 무엇보다도 이러한 투쟁의 목적인 초목표, 최종적인 사상(창작 목표)의 인식으로 이끄는 일관된 행동과 반일관된 행동의 투쟁을 이해하는 것이다. 따라서 희곡의 주요 사건에 대한 정의는 작품의 해석과 직접적인 관계가 있다. 그 어떤 불명확함이나 실수는 공연을 약화시킬 수 있고, 심지어 사상의 목소리를 왜곡할 수도 있다.

일례로, 어느 극장에서 올려 졌던 셰익스피어의 〈로미오와 줄리엣〉 공연을 예로 들어보자. 제작자는 작품의 사상적 의미가 충분히 명확한 것이기에 추가적인 탐구 없이 유명한 경구 '사랑은 죽음보다 강하다'를 초목표로 삼기로 결정하였다. 그러나 이 경구는 배우에게 무언가를 말하기에는 부족하다. 그것은 추상적이고 서술적이므로 행동의 언어로 바꾸기가 어렵고, 또한 지나치게 다양한 해석 및 정서적 평가를 용인한다.

공연에서 연인은 서로에 대한 정절을 지키기 위해 모든 장애, 심지어 자신을 죽음으로 이끄는 죽음의 공포까지도 극복하는 위대한 사랑의 힘을 보여주었다. 희곡 발전의 전 과정에서 이미 정해진 로미오와 줄리엣의 비극적인 죽음은 공연의 중심 사건이 되었다. 이때 셰익스피어 고유의 삶에 대한 긍정적인 파토스(pathos)는 상실된 것 같았다. 주 사건을 그렇게 이해한 경우, 비극의 결론 장면은 멜로드라마적인 성격을 띠게 된다. 특히 줄리엣의 죽음을 계획하였으나 그녀가 깨어나는 순간을 놓쳐버린 로렌조 신부는 비탄에 빠져 관객의 눈앞에서 글자 그대로 늙어버린다.

공연 마지막의 참혹한 분위기는 연출가로 하여금 자신의 결정이 올바른 것이었는지 의심하도록 만들었다. 희곡의 초목표를 결정하는 데 있어서 실수가 있었음이 명백해졌다. 실수를 정정하는 방법은 뜻밖에도 로렌조 신부의 행동을 검토하면서 찾게 되었다. 리허설 이후, 이 역할을 맡은 배우에게 끔찍한 파국은 그에게서 중요한 것―악의 힘에 맞서 획득한 위대한 도덕적 승리―을 가로막을 수 있는가 라는 질문이 제기되었다. 사실 그가 연인을 보호한 이유는 그들에 대한 개인적인 동정에서뿐만 아니라 보다 더 고상한 사회적 목적을 위해서였다. 그는 로미오와 줄리엣의 사랑을 확실히 밀봉함으로써 두 봉건 가문의 치명적인 반목을 근절하고 싶었다. 로렌조가 자신의 행동에서 길잡이로 삼았던 도덕적 사상은 르네상스의 인본주의로부터 나온 것이며, 셰익스피어 자신의 세계관을 반영한 것이다. 로렌조는 아름다운 두 사람의 죽음을 예방할 수는 없었지만 자신의 목적은 달성할 수 있었다. 로미오와 줄리엣의 사랑은 부모들의 증오를 극복하였다. 자식의 시체 앞에서 그들은 베로나에 영원한 평화를 정착시키겠다는 맹세를 한다. 사랑은 증오를 이겼고 투쟁 대신 평화가 찾아왔다는 것이 위대한 희생의 가치이며, 이것이 셰익스피어 비극의 인본주의적 의미이다.

주 사건에 대한 새로운 의미 부여로 인해 결말만 바뀐 것이 아니다. 공연 전체가 다른 목소리를 내었다. 멜로드라마적인 억양이 사라졌고, 삶에 대해 긍정적인 철학적 주제가 보다 명확하게 드러났다. 거의 4백여 년 전의 희곡은 동시대적인 울림을 획득하게 되었고, 배우와 관객을 보다 더 흥분하도록 만들었다.

사실, 모든 극작품이 대단한 사회적 · 정치적 및 철학적 문제를 제기하는 것은 아니다. 그러나 각각의 작품에는 무대적 해석에 의해 미미할 수도 있고, 크게 불거져 나올 수도 있는 어떤 도덕적 사상이 있다. 이것은 전적으로 희곡 읽기와 주 사건의 결정에 달려있다.

그러나 주 사건을 결정하는 것은 그리 간단한 일은 아니다. 골도니의 『여관집 여주인』[7]을 예로 들어보자. 거기에는 수많은 행동, 긴박한 상황, 우

---

7) 이태리의 극작가 까를로 골도니의 희극. 작품의 줄거리는 다음과 같다.

미란돌리나는 피렌체에서 여관을 운영하고 있다. 그녀는 타고난 우아함과 새치를 지닌 여자로 여관에 투숙한 남자 고객들의 마음을 사로잡는다. 세 명의 남자 손님이 있는데, 백작과 후작은 여관집 여주인에게 빠져있는 반면, 여성혐오주의자인 냉랭한 라파프라타 기사는 그녀를 거칠게 대한다. 그는 그녀에 대한 다른 두 사람의 나약함을 조롱한다. 여관집 여주인인 미란돌리나는 이 여성혐오주의자인 기사에게 그녀의 모든 수단과 방법을 사용하여 굴복시키고자 한다. 그리하여 그녀는 여자의 자존심과 명예를 위해 그를 짓밟아 굴욕의 고통을 주려고 한다. 그러면서도 그녀는 여자에 대한 그의 태도에 자신도 동감하는 척하면서 그를 추켜세우기도 한다. 아울러 자신도 남자들에 대해 같은 반감을 느끼고 있는 척한다. 그래서 자신을 귀찮게 하는 백작과 후작을 몹시 싫어한다고 자랑스럽게 말하기도 한다. 그리고 다른 손님방에는 출입하지 않지만 라파프라타 기사의 방만은 기꺼이 출입할 것이며, 그와는 우스꽝스럽고 어리석은 짓들로 인해 짜증나는 일이 없을 것이라고 장담까

스꽝스러운 오해 등이 있지만 언뜻 보기에는 의미 있는 사건은 전혀 일어나지 않는 것처럼 보인다. 약삭빠르고 매력적인 여관집 여주인은 자신의 고귀한 하숙인들을 마음대로 조종하며, 남자들의 자기 과신에 대해 조소한다. 그러나 이것은 여주인공의 행동선만 드러낼 뿐 희곡의 주 사건에 대해서는 아직 말하지 않고 있다.

우리가 주 사건을 결정하기 어려운 희곡과 만나게 되었을 때 다른 방향에서 접근함으로써 이러한 과제를 해결할 수도 있다. 희곡의 근본적인 갈등은 무엇인가? 희곡 속에서 어떠한 힘이 충돌이나 투쟁을 일으키는가? 투쟁이 없다면 무대적 행동이나 사건은 없는 것인가?라는 질문에 대답해야 한다.

이에 대해 스타니슬랍스키는 '삶-끊임없는 투쟁, 극복 아니면 패배'(4권, 154쪽)라고 기록하였다. 즉 무대의 삶을 만들기 위해서는 무엇보다도 행동을 발전시키는 동력원이 되는 투쟁을 조직해야 한다. 투쟁의 주방향은 우리로 하여금 가장 중요한 사건을 결정할 수 있도록 도와준다.

희극『여관집 여주인』에는 이후 발전하게 되는 몇 개의 갈등이 묶여있다. 그 중 하나는 미란돌리나의 사랑을 도와주는 백작과 후작의 경쟁의 결과로 발생한다. 다른 갈등은 희곡의 끝에서 기사와 백작의 결투를 초래하는 싸움과 경쟁에서 비롯된다. 미란돌리나의 사랑을 얻으려는 네 번째

지 한다. 그녀는 이러한 교묘한 술책으로 기사로부터 마침내 호감을 얻어낸다. 이제 기사는 그녀를 칭송하고 신뢰할만한 가치가 있는 여자라고 여기게 되며, 그녀를 훌륭한 센스를 지닌 여자라고 평가한다. 여관집 여주인은 자신에게 유리해진 이 순간들을 기회로 그녀에 대한 그의 배려를 한층 높인다. 여성혐오주의자인 라파프라타 기사는 드디어 그녀에게 마음을 빼앗기기 시작한다. 이제 그는 그녀를 잠시라도 못 보면 초조해 하며 찾아 나서 기까지 한다. 그는 자신이 그렇게 혐오스러워했던 여자와 사랑에 빠져버리고 만다. 이제 미란돌리나는 그가 자신의 발 앞에 무릎 꿇은 모습을 보고 싶어 한다. 그녀의 목표는 성공을 거둔다. 그를 괴롭히고, 궁지에 몰아넣고, 절망하게 만들어 그가 보는 앞에서 이미 약혼자로 정해져 있던 종업원 파브리치오에게 결혼의 표시로 자신의 손을 내준다.

경쟁자인 파브리치오는 그녀를 따라다니는 모든 나리들, 특히 가장 위험한 경쟁자인 기사와 투쟁을 벌인다. 이외에도 파브리치오는 너무나 많은 질투의 동기를 제공하는 미란돌리나와 계속하여 싸운다. 미란돌리나 역시 그녀의 장점을 인정하지 않는 기사에게 특별한 관심을 보임과 동시에 자신의 모든 추종자들과 간계를 꾸민다. 간계에는 다른 등장인물들－하숙인들과 노닥거리는 타지에서 온 여배우들, 하인들－도 휘말린다. 이러한 갈등들 중 도대체 어느 것이 주된 것인가?

희곡과의 첫 만남 시, 미란돌리나는 자신의 추종자들 중에서 배우자를 선택한다는 결론에 이를 수도 있다. 즉 그녀에게 부를 안겨줄 백작, 귀족 지위를 줄 수 있는 후작, 불같은 열정을 태워줄 기사, 그러나 그녀는 모두를 거부하고 충실한 하인 파브리치오에게 몸과 마음을 맡긴다. 그렇다면 사회적인 갈등－평범한 여관집 여주인과 그녀의 하인이 지위를 가진 경쟁자들과의 투쟁에서 승리자가 되는 것－이 주된 갈등이라고 할 수 있다.

그러나 이 희곡은 많은 극장에서 이렇게 해석되었지만 보다 주의 깊게 사실들을 분석해 본다면 미란돌리나는 결코 자신에게 유리한 남편감 또는 보호자를 선택할 것이 아님이 드러난다. 왜냐하면 파브리치오를 선택한 그녀의 결정은 이미 희곡의 맨 처음부터 예정된 것이며 하숙인들과의 모든 교태는 다른 원인으로 말미암아 초래된 것이라는 사실을 알 수 있다.

희곡 속에 얽혀 있는 모든 갈등 중에 관심을 불러일으키며 가장 많은 발전을 보이는 것은 여주인과 기사 사이의 충돌이다. 미란돌리나는 모든 하숙인들과 하인의 동경과 숭배로 둘러 싸여 있다. 그러나 확실한 독신자이며 여성혐오주의자인 기사는 여주인을 대놓고 무시하고 그녀의 여성으로서의 매력에는 아무런 관심을 두지 않고, 그녀를 마치 미천한 하녀로 취급한다. 이때부터 미란돌리나는 한 가지 생각으로 가득 찬다. 아름다운

성, 즉 여성을 무시한 벌로 그에게 복수를 하는 것인데, 이미 그녀가 그에게 시트를 가져다주며 친구 같은 관계를 맺게 되는 2장에서부터, 특히 그에게 점심을 대접하는 2막에서부터 희곡의 주된 관심은 점차 미란돌리나와 기사와의 상호관계로 옮겨간다. 그녀는 기사가 자신을 사랑하도록 만든 후 버리기 위해 자신이 할 수 있는 모든 것을 다한다. 그는 점차 여성혐오에서 벗어나 열정적인 사랑에 빠진 자로 변모한다.

희곡의 다른 모든 인물들과 그들 사이에 발생하는 갈등은 미란돌리나와 기사 사이의 완강하면서도 섬세한 투쟁에서 드러나는 근본적인 갈등을 돋보이게 하려는 목적에서만 필요한 것이다. 그녀의 부와 명예에 대한거절, 충실한 하인에게 바쳐진 존경은 미란돌리나의 성격 묘사 및 그녀의도발 행위에 대한 정당화를 위해 필수적인 것이다. 작가가 희곡 속에 두명의 저속한 여배우의 삽화적인 역할을 도입한 것 또한 우연이 아니다. 그들은 대조적으로 미란돌리나의 도덕적 우월성을 돋보이게 해 준다. 아울러 여주인을 사랑하게 된 기사의 하인조차 희곡에서 필요한 이유는 점심을 대령하기 위해서뿐만 아니라, 투쟁의 주된 선(line)을 첨예화 하는데도움을 주기 위해서이다.

희곡의 첫 번째 사건으로 돌아가 보자. 희곡의 주된 사건은 백작과 후작의 갈등이 아니라 기사와 미란돌리나의 충돌이며, 다른 모든 것은 이갈등을 준비하거나 발전시키는 것에 불과하다고 확실히 말할 수 있을 것이다. 기사가 그녀에게 퍼부은 공개적인 모욕, 그래서 미란돌리나의 복수계획의 탄생이 바로 모든 관계의 발단이다. 이미 2장에서 그녀는 음모를실행한다. 처음에는 자신의 매력에 대한 약간의 인정을 얻은 후, 기사에대한 그녀의 관계는 적의에서 호의로, 다음에는 낭만적인 것으로 변모한다.

희곡의 사실들을 따라가며 부차적인 사건을 핵심으로부터 뽑아내면, 우리는 작가에 의해 서술된 이 격렬한 날에 여관에서 발생한 중요 사건에 도달할 수 있다. 즉 여관집 여주인은 자신의 여성으로서의 매력을 지켜내고, 자신을 무시하던 자신만만한 기사를 무릎 꿇게 하는데 성공한다. 그것은 남편감의 선택이 아니라 여자의 복수가 희곡의 근본적인 갈등이며, 이것이 모든 줄거리를 꿰어주는 극적인 핵심을 결정하는 것이다.

고귀하고 자신만만한 하숙인들에 대한 여관집 여주인의 성격은 개인적인 것으로부터 의미를 지닌 일종의 도덕으로 변모한다. 스타니슬랍스키가 말한 것처럼 희곡은 여관집 여주인인 여자에 대해서만 말하는 것이 아니라 우리 삶의 여주인인 여자에 대해 말하고 있다. 그러므로 여성에 대한 남성의 무시는 처참한 복수를 당한다. 이것은 자연스러운 방법을 통해 핵심적인 사건을 명확하게 결정함으로써 우리로 하여금 희곡의 초목표를 이해할 수 있도록 해준다.

학교작업에서 특히 중요한 것은 교육자가 완성된 형태를 학생들에게 제공하는 것이 아니라, 교육자의 조율이나 도움 하에 학생 스스로가 희곡의 주 사건을 탐색하고 결정하도록 하는 것이다. 학생의 대답이 금방 이루어지지 않더라도 큰 문제는 아니다. 자율적인 결정의 추구—이것은 작품 분석 및 작품의 본질에 대한 통찰을 위한 탁월한 방법이다.

학생들이 행동의 선을 따라 희곡을 관통하고 역할의 삶 속에서 자신을 느끼게 된 다음, 교육자는 학생들에게 『지혜의 슬픔』에서 다른 모든 것을 흡수할 수 있는 주된 사건은 무엇인가?라는 질문을 제기한다. 이 질문에는 아주 다양한 대답들이 있을 수 있다. 그 중 가장 특징적인 것을 골라보자.

학생들 중에는 예술작품을 항상 이성적으로 받아들이는 사람이 있다.

이 희곡에서 무슨 일이 생겼느냐는 질문에 그들은 희곡에는 데카브리스트의 봉기가 도래했음을 선언하는 첫 번째 우레 소리가 들리고, 맑은 날 이러한 우레 소리에 의해 모스크바 지주와 관리들의 사회 속에서 침체, 위선, 관료주의, 농노제를 폭로하는 차츠키의 열정적인 설교가 울려 퍼지는 것이라고 대답한다.

—아마도 그건 사실적이고 옳은 말이지만 구체적이지 않은 것 같군. 이에 대해 교육자가 말하였다. 우리가 공연이라는 건물을 건설하려고 할 때는 결정의 구체성이 달변보다 더 중요하지. 우리는 희곡의 의미에 대해서가 아니라 작가에 의해 묘사된 그날 파무소프의 집에서 무슨 일이 일어났는가에 대해 말하는 것이 더욱 중요하다네.

—그날은 한 가지가 아니라, 많은 사건이 일어났어요. 학생이 말했다. 소피야와 말찰린의 밀회 세 번, 예상치 못한 차츠키의 도착, 차츠키의 사랑 고백과 불꽃같은 폭로성의 말, 소피야의 미래 신랑감(스칼라주프)의 내방, 말찰린의 낙마와 관련한 대소동, 3막에서의 무도회와 차츠키의 가짜 광증, 차츠키와 소피야, 그리고 파무소프와의 언쟁, 차츠키의 모스크바로부터의 도망 등이 그것입니다.

—자네는 아주 많은 사건을 나열했지만 정작 주된 것은 말하지 않았네.

—차츠키의 도착. 다른 학생이 말했다. 만약 그가 파무소프의 집에 나타나지 않았다면 희곡이 존재하지 못했겠죠.

—그렇지. 차츠키가 없었다면 희곡은 다른 것이 되었겠지. 하지만 파무소프의 집에 그런 대소동이 일어난 것이 단지 차츠키가 왔기 때문일까? 분명, 외국에서 돌아온 손님의 도착이라는 사실 자체가 희곡에 대한 결정적인 의미를 가지는 것은 아닐 걸세. 또 다른 의견은?

—차츠키의 나타남이 아니라 파무소프 집으로부터 그의 도망입니다. 세 번째 학생이 말했다. 여기에 희곡의 주된 의미와 사건이 있어요. 차츠키 같은 사람은 그 당시 사회에서는 설 자리가 없는 것 같아요.

—차츠키가 파무소프 사회와 절교한 것이 아닙니다. 네 번째 학생이 반대하였다. 반대로 사회가 그를 배척하고, 미쳤다는 판단을 내려 자신들의 사회에서 내몰았어요. 이것은 3막의 무도회에서 증명됩니다. 그러니까 무도회가 희곡의 주된 사건입니다.

—〈지혜의 슬픔〉 모스크바 공연들 중에서 무도회 장면이 필요 없는 공연을 생각해 보게나. 교육자가 말했다. 파무소프의 집에 모인 사람들은 탁자 주위에 앉아 차츠키에 대한 거짓 소문을 서로의 귓가에 속삭였네. 공연이 무도회가 없이 이루어질 수 있다면, 무도회를 희곡의 주된 사건으로 간주할 수 있을까?

—그렇다면 무도회가 아니라 소피야가 무도회에서 퍼뜨린 차츠키의 광증에 대한 소문이 주 사건이 되겠네요? 바로 여기에서 차츠키에게 결정적인 타격이 이루어지니까요. 그 학생이 수정하여 말하였다.

—차츠키는 희생양일 뿐만 아니라, 그 자신 또한 마지막에 '당신과 절교하게 된 것을 자랑스럽게 여기게 될 거예요.'라고 말함으로써 소피야에게 큰 타격을 입힙니다. 주 사건은 무도회에서가 아니라, 손님들이 떠난 후 마지막 막입니다. 다른 학생이 반대의견을 피력했다.

—자네는 지금 희곡에서 절정의 순간을 찾으려 하고 있네. 교육자가 말했다. 그러한 접근은 항상 정당화 되지는 않는다네. 왜냐하면 삶에서와 마찬가지로 무대에서도 사건의 전개에 있어 절정은 하나가 아니라 여러 개일 수가 있기 때문이지. 그 중 어느 것이 더 중요한가는 아직 논쟁이 많은 질문이네.

—차츠키는 사랑에서 실패를 맛보았어요. 한 여학생이 논쟁 속에 들어왔다. 이로 인해 그는 냉혹해지고 점점 더 비난하게 되었으며, 손님 및 집안사람들과도 절교하게 된 것입니다. 그러니까 중요한 것은 소피야가 차츠키의 사랑을 무시했다는 것입니다. 그녀는 처음에는 이것을 부드럽고 재치 있게 처리하려고 했으나 차츠키가 사리분별 없이 소피야의 말찰린에 대한 사랑을 방해했기 때문에, 결국 그녀는 극단적인 방법을 쓸 수밖에 없었으므로 그를 미치광이라고 불렀던 것입니다.

-그렇다면, 주 사건은 소피야의 말찰린에 대한 사랑이구나. 다른 여학생이 그녀의 말을 수정해 주었다. 만약 이러한 그녀의 감정이 없었다면, 그녀에게는 차츠키와 첨예한 갈등이 생기지도 않았을 것이고, 희곡은 전혀 다른 방향으로 갔을 겁니다.

-설마 희곡의 모든 의미가 소피야, 말찰린, 차츠키, 이 세 명의 애정의 삼각관계로 귀착될까? 교육자가 물었다. 만약 그렇다면 나머지 모든 등장인물들은? 그리고 차츠키의 독백은? 그래서 주 사건으로부터 관객의 관심을 돌리기 위해 그것들을 삭제할 필요가 있을까? 설마 차츠키의 역할이 소피야와의 투쟁에 한해서만 국한되어야 할까?

-물론 아닙니다. 참석자들이 결론을 내렸다.

-희곡의 사상을 결정하는 주된 사건을 밝혀내기 위해 희곡이 어디에서 시작하고 무엇으로 끝맺는지를 살펴보게나. 차츠키는 자신의 옛사랑이자 최고의 친구인 소피야를 만나기 위해 자신의 생가인 파무소프의 집으로 돌아왔으나 소피야와 파무소프 집뿐만 아니라 모든 집안 식구들과 손님들의 적이 되어 떠나가지. 그렇다면 1막과 마지막 사이에 무슨 일이 발생했는가?

교육자와 학생들과의 이후 대화를 통해 차츠키의 사회로부터의 점차적인 소외 및 희곡의 최종 에피소드에서 차츠키와 사회와의 격리가 일어났다는 사실이 결국 밝혀졌다. 이러한 갈등은 해결을 위한 과정 속에서 여러 가지 의견이 가능하다. 예를 들면 차츠키의 추방과 자신의 동지들이 있는 새로운 사회로 들어가기 위해 자신을 길러준 사회와의 고의적인 단절은 마침내 그의 도덕적 승리로 평가할 수도 있을 것이다. 하지만 이것은 희곡에 대한 연출가적 해석 또는 배우적 해석과 관련된 것이다.

곤찰로프는 〈백만 개의 고민〉이라는 기사에서 '차츠키는 구세력에게 신선한 세력의 품질로서 큰 타격을 가함과 동시에 구세력에 밀려 붕괴되었다.'(곤찰로프 6권, M., 고슬라차르다트, 1960, 375쪽)라고 주장했다. 그러나 희곡에 대한 그 어떠한 해석이라 할지라도 차츠키가 친구로서 왔다가 적으로서 파무소프의 집을 떠난다는 사실은 명백하다. 즉 희곡이 진행되는 동안 차츠키와 파무소프 사이에서 단절이 발생하는 것은 의심의 여지가 없기 때문이다. 이러한 단절은 점차적으로 이루어지지만 이미 그와 소피야, 파무소프가 처음으로 만난 장면에서 그들의 관계는 틈이 예견되었고, 그 틈은 시간이 지나감에 따라 결코 건널 수 없는 낭떠러지로 변하였다.

그리하여 『지혜의 슬픔』의 주사건 및 그로부터 기인한 작품의 근본적인 갈등을 결정해야 하는 시점에 도달했다. 하지만 이것은 아직 공연의 초목표는 아니며, 단지 초목표에 대한 '조준'이자 극작가로부터 출발한 작품의 최종목표를 이해하기 위해 보다 가깝게 다가가기 위한 방법의 방향에 대한 선택일 뿐이라는 사실이다.

[6] 사실과 사건의 평가

예술작품에서 각각의 부분들은 총체적으로 단일한 통합체를 구성하는 모든 개별적인 것들과 조화롭게 연관된다. 만일 무대에서 구상의 공통성에 의한 통일되지 않은 사건이 발생한다면, 완전한 예술작품으로서 공연은 이루어질 수 없을 것이다. 일관된 행동으로 무대적 사실 및 사건을 꿰기 위해서는 그것들의 각각을 주 사건의 관점에서 평가하고, 갈등의 발전 속에서 그것의 위치와 의미를 이해해야 한다.

『로미오와 줄리엣』의 1장으로 되돌아가 보자. 현재 베로나 광장에서

두 가문간의 싸움이 벌어졌고, 이는 공작에 의해 저지되었다는 사실에 대한 확인만으로는 부족하다. 사실에 대한 연속적인 연구 및 주 사건에 대한 결정으로 인해 우리에게는 비극의 발전에 대한 전망이 열렸다. 이제 우리는 길거리 싸움이 그 시대 세태 풍속과 도덕성을 나타내주는 단순한 풍속도가 아니라, 결코 화해할 수 없는 적의의 발화, 즉 그와 같은 분위기에서 피어난 로미오와 줄리엣의 사랑을 나타내는 것이라고 분명히 말할 수 있다.

무대적 사건은 이제 작품의 사상적 내용과의 관계가 명료해짐에 따라 보다 더 심오한 내적 의미를 획득한다. 이제 우리는 무대적 사실과 사건을 말할 수 있을 뿐만 아니라, 희곡의 일관된 행동의 발전이라는 관점에서 그것에 대한 평가를 내릴 수 있다.

예를 들어, 파무소프의 첫 번째 등장 및 그와 리자와의 만남은 어떻게 평가할 수 있을까? 작가의 지문(파무소프가 그녀에게 달라붙어 희롱한다.)에 근거하여 어떤 연출가들은 이 장면을 여자 뒤꽁무니를 따라다니는 것 또는 지주나 음탕한 주인(농노제 찬성자)이 무력한 여자 하녀에게 성을 강요하는 것으로 변모시켰다.

하지만 이러한 해석이 희곡의 일관된 행동과 어떤 관계를 가지고 있는가? 사실, 이 작품은 잔혹한 지주(난봉꾼)의 손아귀에 잡힌 농노 아가씨의 무력함이라는 주제를 나타낸 게르첸의 『까치, 여도둑』이나 레스코프의 『이발사』가 아니지 않는가? 파무소프가 젊은 하녀를 쫓아다니는 것은 희곡에서 더 이상의 발전은 없다. 이것은 단지 파무소프의 위선이거나 집에서의 리자의 복잡한 역할을 특징지어주는 세태 풍속적 특징일 뿐이다. 그래서 희곡의 사건의 논리를 따라가 보면 파무소프는 하녀를 뒤쫓아 다니기 위해서가 아니라 소리와 음악이 들려오는 객실에서 무슨 일이 일어났으며, 이렇게 이른 시간에 딸은 무엇을 하고 있는지를 알아보기 위해 딸의 응접실에 들른 것이다. 즉 파무소프에게 중요한 것은 여자 뒤꽁무니가 아니라, 리자가 만들어놓은 거짓 흔적에 대한 조사라는 것이다. 그러므로 여기에 이 에피소드의 의미가 있는 것이다.

행동에 대한 평가 시 우리는 실수하지 않기 위해 희곡의 주 사건을 결정한 결과 목표로 삼게 된 초목표를 잃어버리지 않아야 한다. 만약 『지혜의 슬픔』의 주 사건을 차츠키와 파무소프 사회와의 단절이라고 할 때, 다른 모든 것은 그것에 종속되어야 하며, 그것을 준비하고 나타낼 수 있어야 한다.

이것은 희곡의 시작부분에 있어서도 마찬가지이다. 등장인물들 중 그누구도 차츠키의 도착에 대해 예상하지 못했고 그리하여 소피야, 말찰린 그리고 리자는 처음에 지체된 밤중의 밀회로 인해 초래된 어려운 상황에서 어떻게 빠져나갈 것인가에 모든 관심을 쏟는다. 그래서 그들은 파무소프의 의심(이것은 밀회를 적발하여 벌을 주고자 하는 것)을 피하기 위해 모든 방법을 동원하고자 한다. 이것은 이미 희곡의 제시된 상황 및 등장인물 각자의 가까운 전망에 의해 제시된 것이다. 그러므로 작업의 첫 단계에서 1막의 사건(차츠키의 등장이전까지)은 특별히 파무소프와 그를 반대하는 음모에 가담한 다른 인물들 사이의 갈등 위에 건설된다.

그러나 일관된 행동 및 초목표의 관점에서 사건을 평가하기 시작할 때, 우리는 희곡의 주 갈등을 벗어나 첫 번째 장면을 결정할 수는 없다. 희곡의 초기에 발생한 모든 것은 일관되거나 비일관된 행동을 준비하고 있다. 비록 차츠키는 무대에 등장하지 않았지만 파무소프 집안의 거주자 사이에 투명하게 존재하고 있는 것 같다. 그리하여 리자는 소피야에게 차츠키를 상기시키며 그를 말찰린과 스칼라주프에게 대비시킨다. 리자는 소피야의 행동을 차츠키에 대한 배신으로 평가하지만 소피야는 이에 대해 격렬하게 항의한다. 소피야는 어린 시절의 우정이 그들을 연결시켜주는 것은 아무것도 없으므로 자기에게 배신이라는 비난의 근거는 타당하지 않다고 말한다. 그러나 본질상으로는 리자의 말이 정당한 것임에도 불구하고 그것은 소피야와 말찰린의 연애가 아버지를 속이는 것이자 동시에 차츠키에 대한 배신임에는 틀림없다.

그리하여 차츠키와 소피야가 만났을 때 과거의 우호적인 관계는 재개되지 않았을 뿐 아니라 반대로 파괴되어 버렸음이 드러난다. 그들 사이에는 소원함의 장벽이 생겼고 이는 결국 차츠키의 사랑과 모든 방해물을 극복하고자 하는 갈망을 불타오르게 하였다.

차츠키와 소피야의 갈등, 그리고 이후 차츠키와 파무소프의 갈등은 점차 모스크바 전체와의 갈등으로 퍼져간다. 바로 여기에 1막과 희곡의 주사건과의 연관성이 있다. 1막의 상반부는 갈등을 준비하고 첨예화시킨다. 소피야의 말찰린에 대한 사랑과 스칼라주프와의 혼사를 성사시키기 위한 아버지의 노력, 이 모든 것은 차츠키의 출연이 지극히 달갑지 않은 것이 된다. 차츠키는 그들이 계획을 실행하는 데 있어서 방해가 되며 투쟁을 극도로 첨예화시키고 종말을 재촉한다.

물론 사건에 대한 이러저러한 평가가 불변의 형상으로서 권장될 수는 없다. 왜냐하면 평가는 공연의 초목표에 대한 이해와 배우와 연출가의 개인적인 성향에 따라 변하기 때문이다. 우리는 단지 스타니슬랍스키 메소드에 의거하여 희곡분석 및 일관된 행동의 이행 원칙을 알려줄 뿐 결코 그리보예도프 희곡 공연에 대하여 어떤 표준을 제시하고자 하는 것은 아니다.

일례로, 스타니슬랍스키와 네미로비치-단첸코 또한 매번 다르게 희곡의 사실과 사건에 대해 평가하며 〈지혜의 슬픔〉 공연에 접근했다는 사실을 기억하자. 간혹 희곡에 대한 자신의 최초의 이해를 완성하기만 하면 된다는 생각은 절대 금물이다. 비록 그것이 옳다하더라도 〈예술극장〉에서 공연에 대한 해석이 대단한 사회적 변화를 겪은 10년간의 기간 동안 불변의 것으로 남아 있을 수는 없다. 공연의 사상적 형태는 항상 자신이 속한 구체적인 역사적 조건과 연극이 예술로서 응답하는 사회적 요구에 종속된다.

그러므로 사실과 사건은 희곡의 객관적 내용에 의해 형성되지만 그것에 대한 평가는 항상 어느 정도 주관적이다. 이 시점부터 극작가의 창작은 연출가, 배우, 무대 미술가, 공연을 만드는 다른 모든 사람들의 창작이 된다. 그리하여 동일한 사실을 표현적으로, 재미있게 또는 심오하게, 독창적으로, 사실적으로 평가할 수 있다. 만일 사실주의 무대 미술가라면 현상의 본질을 드러내 주는 삶의 지극히 설득력 있는 논리를 채택하여 무대를 만들 것이다.

이와 관련하여 스타니슬랍스키는 항상 섬세함과 무대적 사건의 핵심을 향한 심오한 통찰로써 깊은 감동을 주었다. 그것은 가장 보편적인 것으로 보이는 삶의 사실들이 그의 해석 속에서 새로운 예상 밖의 울림을 획득하게끔 했다는 의미이다. 일례로 〈트루빈의 나날들〉 공연에 초창기 참여자 중 한명인 V.O. 토포르코프는 다음과 같이 말하고 있다.

불가코프의 희곡에는 1918년 키예프 시민전쟁의 불안한 사건이 묘사되어 있다. 백군 잔류군은 우크라이나 민족주의자들(페틀류로프 일당)의 공격으로부터 도시를 방어하려고 애쓴다. 저항이 무의미하다는 것을 깨달은 알렉세이 투르빈 대령은 자신의 부하들을 집으로 돌려보낸다. 투르빈의 집에는 어찌할 바 모르는 장교들과 가족의 친구들이 모여든다.

그들을 맞아주는 사람은 알렉세이와 전투 이후 아직도 돌아오지 않는 18세 사관생도인 니콜카의 누이인 옐레나이다. 모두 불안과 초조함으로 그들을 기다리고 있다. 마침내 창문을 두드리는 소리가 난다. 장교들이 집에서 뛰쳐나가 중상을 입은 니콜카를 데리고 들어온다.

부상당한 니콜카를 데리고 들어오는 장면은 이미 시연되었다. 이 장면은 배우들에게 전적으로 정당화되고 예술적으로 설득력 있는 것 같았다. 여기서 배우들은 이 순간에 어울리는 장중한 암울함과 긴장감을 유지한 채 조심스럽게 부상자를 데리고 들어와서 소파에 눕혔다.

불안감에 질린 옐레나가 방으로 들어온다. 부상당한 동생을 보고 심장을 끌어 안고 방안을 허우적거리며 영혼을 찢는 듯한 통곡으로 '도대체 알렉세이는 어디에?⋯⋯ 알렉세이는 죽었구나!'라고 모두를 향해 말한다. 그 다음 파국을 인식한 그녀는 그 어떤 위로나 합리화도 듣지 않은 채 울면서 독백을 하더니 신경질적으로 눈물을 지어낸다.

리허설을 보고 난 다음 스타니슬랍스키는 말했다. 여러분은 감정을 연기했고, 자신의 고통을 연기했는데, 그것은 옳지 않습니다. 내가 보고자 하는 것은 사건과 그 사건 속에서 사람들은 어떻게 행동했고 투쟁했는가 하는 것이며, 그것은 어떻게 고통을 받았는가가 아니라 어떻게 행동했는가 하는 것입니다. 여러분이 한 것은 진정한 논리가 없으며, 진실 또한 아닙니다. 사람의 삶은 행동해야 하는 것이지, 자신의 감정을 보여주는 것이 아닙니다. 여러분은 천천히 부상자를 데리고 와서 이것에 따른 자신의 무거운 내적 체험을 보여주려고 노력했습니다. 사실 여러분은 부상자를 살려야 했으며, 이미 시내에서는 백군을 수색하고 있으므로 살려내기 위해 어떻게든 그를 부여잡고 방안으로 뛰어 들어와야 했습니다. 그를 데리고 와서는 그를 어떻게 해야 할지, 어디에 둬야 할지 몰라야 합니다. 방안을 이리저리 돌아다니다 즉시 바닥에다 내려놓지만 조금 뒤 그를 바닥에 내려놓아두면 안 된다는 것을 알아차려야 합니다. 그러면 어디에 둬야 할까? 그는 피를 철철 흘리고 있었으므로 모든 것이 피에 더럽혀질 수 있으며, 피 묻은 손에 어떤 것이 닿을까 두려웠습니다. 결국 모두 그를 소파로 눕히기로 결정하였으나, 소파에는 베개와 잡동사니들이 쌓여있습니다. 이 모든 것을 치워야하므로 모두 앞 다투어 소파로 돌진하는 바람에 서로가 방해되고 신경질적이 되어 거의 욕설을 할 뻔 한다 등, 얼마나 많은 일들이 있음을 알겠죠? 그런데 여러분은 마치 여기가 수술준비가 다 된 외과인 듯 그를 데리고 들어왔습니다. 전적으로 혼란이 있어야만 합니다. 여기서 내적 체험을 할 일이 있을까요? 당연히, 이러한 혼란에 의해 가중된 소음이 옐레나의 관심을 끌었으므로 그녀는 방에서 뛰어나왔습니다. 여러분은 이 장면에서 어떤 리듬을 느낍니까? 여러분들은 장중한 장례식의 리듬 속에서 이 장면을 연기했습니다. 그 다음, 이 장면의 다음은 어떻게 전개됩니까? 여러분은 사랑스럽고 친절하고 민감한 가족의 친구들이 모인 장면을 연기했습니다. 여러분은 모두 히스테리 속에서 통곡을 하고 있는 사랑하는 여주인을 위로합니다. 여기서 여러분 자신도 연민의 눈물을 흘렸습니다. 이 모든 것이 그럴 수도 있지만 장면의 결정 자체는 행동이 없고 감상적이었습니다. 행동으로 넘어갑시다. 여기서 괴롭고도 맹렬한 논쟁이 발생합니다. 옐레나는 모두에게 알렉세이는 죽임을 당했다고 확신하지만 나머지 사람들은 맹렬히 그녀와 논쟁을 시작하며 그것은 있을 수 없는 일이라는 점을 그녀에게 증명하고자 합니다. 니콜카의 대답에 따라 옐레나는 자신이 옳았음을 알리고자 기쁜 듯 모두를 향해 외칩니다. '그래, 전부 알겠어요! 알렉세이는 죽임을 당했어요!(보세요, 내가 옳았어요. 여러분이 아니라)'. 그리고 의기양양하게 '나는 알고 있었어요, 느끼고 있었다구요! 알렉세이가 나갈 때, 그렇게 끝내리라는 것을 알고 있었어요!(보세요, 내가 얼마나 잘 맞추는지!)'라고 외칩니다.

자, 이제는 그녀를 진정시키도록 해보세요. 울지도, 통곡하지도, 제시된 상황 속에서 웃고 있는 바로 그 여자를! 다음 순간 그녀는 불행에 빠진 사람들에게 특징적인 것으로, 그의 죽음에 대한 책임자를 찾고, 자신의 친구들에게 잔혹한 비난을 퍼부으며, 그들에게서 답변을 요구하며 미쳐 날뛰는 암사자처럼 그들에게 덤벼듭니다. '그러면 당신들, 선임 장교

님들! 모두 다 집으로 돌아왔는데, 지휘관은 죽임을 당했다.'라고 말하며 의식을 잃습니다.

장면은 공연의 초목표에 상응하는 완전히 새로운 울림을 획득하며 관객에게 엄청난 인상을 남겼다. 토포르코프는 계속해서 다음과 같이 언급하였다.

이 장면에 대한 결정은 공연 전체에 대한 결정과 마찬가지로 스타니슬랍스키에게는 희곡에 대한, 희곡의 기저에 놓여있는 공통된 갈등의 본질에 대한 심오한 통찰로부터 잉태된다. 그는 희곡 속에서 생생하고 구체적이며 역사적인 진실을 올바르게 보았고, 공연에서 프롤레타리아 혁명의 견고한 힘과 역사적 사건을, 합법칙성과 불가피한 발전을 이해하지 못하고 이에 맞서는 모든 이들의 멸망할 운명을 보여주려고 노력하였다. 그러므로 그 예술적 구상에는 단순히 백군 장교 가정의 극적인 상황이 아니라 이 사건의 전형적인 본질, 즉 민중투쟁을 위해 봉기한 세력 앞에 백군 장교의 혼란과 도덕적 와해를 선명하게 드러내어 보여주고자 하는 의도가 포함된다.[8]

〈예술극장〉에서 트루빈 가족의 비극은 러시아 혁명의 도래를 반대하는 계급의 사회적인 파국으로 변모하였다. 여기서 중요한 것은 스타니슬랍스키가 심리적, 사회적인 관계에서 공연의 다른 참여자들이 보고 해석한 것보다 더 심오하게, 더 흥미롭게 희곡의 사건을 드러낼 수 있었다는 것뿐만 아니라 그의 연출 능력이 선구적이고 사실적인 메소드에 의거하고 있었다는 것이다. 그리하여 스타니슬랍스키는 만약 예술가가 맹목적

---

8) 토포르코프 B. 『배우술에 관하여』, 예술, 1954, 28-31, 33쪽.

이거나 안일하게 예술의 메소드와 장치를 가지고 있다면 그의 예술 활동
은 결코 결실이 없음을 확신하였다.

[7] 역할의 행동 논리 구축

역할 속에서 배우의 행동논리 및 일관성을 만드는 것은 무대적 사건에
대한 평가와 구체화 작업에 대한 직접적인 연속이다. 사건의 의미가 매우
명확하게 결정되었을 때, 배우에게 해당사건이 발생하도록 하기 위해 그
는 무엇을 해야만 하는가 또는 무대에서 어떻게 행동해야만 하는가라는
질문이 제기된다.

스타니슬랍스키는 역할의 신체적 행동의 논리와 일관성을 만드는 것을
여행의 목적지로 향하는 것, 즉 역에서 역으로 기차를 이동시켜 주는 철
로의 부설에 비유하였다. 이처럼 배우는 초목표를 향해 한 사건에서 다른
사건으로 자신의 역할을 발전시켜 주는 논리적인 진행을 견고하게 해야
한다.

만약 배우가 찾은 행동이 사건의 실현에 방해가 되거나 내적인 핵심으
로부터 벗어난다면, 비록 그것이 선명하고 매혹적이라 할지라도 결단력
있게 거부해야 한다. 그렇지 않으면 희곡의 일관된 행동이 왜곡되고 희곡
의 사상적 내용도 왜곡된다.

이러한 모순의 예를 들어보자. 학교에서 제작 작품으로 몰리에르의
〈우스운 새침데기〉를 공연했다. 두 명의 젊은 남자가 자신들을 거절한
새침데기 아가씨들을 혼내주기 위해 밀회자리에 하인들을 대신 보낸다.
하인들은 지나치게 격식에 얽매여 있는 아가씨들의 호의를 얻어낼 정도

로 귀족의 역할을 성공적으로 수행한다. 희곡의 끝 부분에서 젊은 귀족들은 하인들로 하여금 아가씨들에게 아첨하도록 강요한다. 그리고 난 후 그들은 거짓을 폭로할 뿐만 아니라 아가씨들에게 모욕을 주기 위해 보란 듯이 하인들을 때리기까지 한다. 그러나 하인들을 때리는 것에 열중한 나머지 진짜로 싸움을 벌이게 되었고, 이로 인해 희곡의 의미는 왜곡되고 말았다. 결국 거만한 여자들을 벌한 것이 아니라 성실한 하인을 벌한 것이 되어버렸다.

행동의 논리를 찾는다는 것은 역할에 대한 섬세한 분석과정이다. 그것은 이성적이거나 냉정한 분석이 아니라 지성, 의지, 감정, 배우의 모든 정신적, 신체적 본성 등이 참여하는 창조적인 분석이어야 한다.

행동의 논리를 획득하는 것은 스타니슬랍스키가 가르친 것처럼 첫째, 행동의 심리적인 본질이 아니라 신체적인 본질로, 둘째, 보다 접근하기 쉽고 보다 쉽게 정착되는 '인간의 몸의 삶'으로, 셋째, 인식의 측면에서 통제나 감화되기 쉬운 것으로 접근하는 것이다.

예를 들어, 적에 의해 포위된 지역에서 두 명의 모반자가 만나는 에피소드를 연기한다고 가정해 보자. 서둘러 이 지역으로 들어와 추격을 피한 배우는 위험이 지나갔음을 확인하고, 도움이 필요한 사람을 찾아내고, 삐라를 가져온 사람에게 그것을 숨길 것을 부탁하고, 그의 반대의견을 들은 다음 설득하여 자신의 의견을 주장하고, 그를 진정시킨 다음 새로운 위험이 지나갈 때까지 기다리기 위해 몸을 숨기는 행동 등이 필요하다. 그런데 추격을 피한 배우는 처음부터 두려움을 느끼고, 부탁을 수행하기를 거부하는 그에게 화를 내고, 그를 끌어들여 설득하기 위해 애국심에 불타오르고, 의무의 수행으로부터 안도감을 느끼고, 파트너에게 고마워하고, 또다시 불안감을 느끼고 등의 '감정의 오선지'로 인해 자신의 불안정과 막연한 감정을 드러내기 급급하다면 이것은 역할 구축의 근본이 될 수 없을 것이다. 그것은 결국 행동을 비사실적인 표현의 방향으로 끌고 갈 뿐이며 배우를 자신의 감정에 대한 유희라는 위험한 길로 밀어낼 뿐이다.

진정한 감정은 신체적 행동을 유기적, 합목적적으로 실행한 결과 무의식적으로 태어난다. 사람을 설득한다는 것은 신체적인 행동만을 수행하는 것이 아니라는 사실 또한 인지해야한다. 즉 심리의 참여 없이 이것을 행한다는 것은 불가능하다. 그렇지만 우리는 우선적으로 설득을 위한 신체적인 과정을 형성－파트너와의 상호관계의 정확성, 그에게 전달된 내적 시각의 명확성, 그의 인식과 행동의 재구성－하는 일에 관심을 기울여야 한다. 진실된 감정은 배우의 흥분에서 태어나는 것이 아니라, 감각기관의 정확한 활동의 결과로 오는 것이다. 아울러 배우는 생각하는 과정조차도 구체적인 형상의 시각에 의거하여 신체적으로 느낄 수 있도록 행해야 한다.

이러한 예는 실제로 극장에서 적지 않게 발생하고 있다. 어느 극장에서 셰익스피어의 비극 〈리어왕〉을 공연하였다. 1장에서 늙은 왕은 나라를 다스리는 일을 사임하고 딸들에게 물려주기로 결심한다. 교활하게 그의 비위를 맞춘 두 딸, 거너릴과 리건에게 자기가 가지고 있던 모든 것을 넘겨주지만, 그에게 아첨하기를 원치 않았던 막내 코델리어에게는 유산을 박탈하고 왕국에서 쫓아낸다.

사건은 리어가 코델리어의 진정한 사랑을 무시하고 두 딸들의 가식적인 사랑을 받아들임으로써 돌이킬 수 없는 실수를 저질렀다는 데 있다. 이러한 사건이 발생하도록 하기 위해 두 딸들은 실제로 아버지를 속일 필요가 있고, 막내딸은 자신의 고집스러운 저항으로 아버지의 격분을 초래한다. 그런데 자신들이 부정적인 역할을 연기해야 한다는 것을 알고 있는 거너릴과 리건 역할의 배우는 자신들이 아버지를 사랑하지 않는다는 것을 자신의 모든 행동에서 나타나도록 하기 위해 아버지와의 첫 번째 대화에서부터 이미 불손함을 드러내고 있다. 반대로, 코델리어는 처음부터 아버지의 비난과 유산박탈은 전적으로 정당하지 못하다는 어조로 아버지에게 반대한다.

이러한 '형상의 유희'(스타니슬랍스키의 표현에 따르면)는 무대적 사건의 의미와 등장인물의 행동 논리를 왜곡하는 것이다. 행동의 논리가 감정과 상태의 유희로 인해 슬쩍 바뀌침을 당할 때 무대적 사건은 발전하기를 멈추고 제자리걸음을 한다.

또 다른 예를 들어보자. 소피야와의 첫 번째 만남에 자신을 퇴색한 구세계를 반대하는 전사로 간주한 차츠키 역할의 배우는 애국자적인 격정을 보여주며 열정적인 사랑에 빠진 자를 연기하기 시작한다. 소피야는 그들의 관계가 적대적이 될 것이라는 것을 미리 알고 있기에 그에게 반대하여 냉담함과 분노를 표현한다. 그러나 차츠키의 열정적인 사랑과 마찬가지로 소피야의 냉담한 적의는 희곡의 사건이 발전해 가는 과정 중에 형성되는 것이다. 그러므로 우리는 그들의 관계에 있어서 진화과정을 지켜보는 것이 훨씬 흥미롭다. 즉 차츠키에게는 낭만적인 우정에서 불타는 사랑까지를, 소피야에게는 억제된 상냥함에서 공공연한 증오까지를 보기를 원하는 것이다. 이러한 감정의 점진적 단계를 보여주는 것은 행동을 통해서만 가능하다. 이러한 목적으로 그들 각자의 행동 논리와 진실된 논리를 탐지하기 위해 대화를 통해 파트너들 간의 투쟁의 모든 변화들을 밝힐 필요가 있는 것이다.

따라서 역할 속에서 배우의 행동 논리를 구축하는 것은 단지 직감 한 가지에만 의존할 수 없다. 이것은 무대적 투쟁의 발전에 대한 깊은 이해,

표현 수단에 대한 정확한 계산, 행동과 감정 자체에 대한 꼼꼼한 채택을 요구한다. 예를 들어, 오델로의 상황에 처했을 경우 배우는 데스데모나를 질식시키지 않고 그녀에게 이혼을 요구할 수도 있을 것이다. 그러나 셰익스피어는 다르게 판단했다. 왜냐하면 배우는 유기성을 위해 창조적 목표를 거짓으로 단순화시키는 것이 아니라, 맡은 역할의 열정의 수준까지 다다를 수 있어야 하기 때문이다. 그리하여 배우는 역할의 행동 논리를 자신의 것으로 슬쩍 바꿔치기하는 것이 아니라, 그것을 구현해야만 하는 것이다.

어떻게 유기적인 과정의 진실성을 파괴하지 않는 동시에 인물형상의 내적 삶의 강도를 강화시킬 수 있을까? 이것은 제시된 상황 및 행동의 내적 리듬의 첨예화에 의해 달성된다. 스타니슬랍스키는 배우로 하여금 희곡의 상황을 새롭게 평가하도록 하기 위해 자주 무대적 상황의 확대, 과장으로 나아갔다.

이와 관련하여 E.M. 고르차코프는 어느 날 〈지혜의 슬픔〉 1막의 리허설에서 콘스탄틴 세르게예비치가 소피야 역할의 배우 A.O. 스테파노바에게 다음과 같은 말을 하였다고 회상하고 있다.

당신은 파무소프가 말찰린과 함께 있는 당신을 만났을 때 필사적인 공포의 순간을 체험할 필요가 있습니다. 그러나 나는 행동의 이런 순간을 준비하지 못했다고 해서 당신을 비난할 생각은 없습니다. 왜냐하면 지금 당신은 내 질문에 대답하며 흥분하고 있기 때문입니다. (스타니슬랍스키는 파무소프 역할을 했다.) 하지만 이것은 그 순간 소피야가 느꼈던 것이 아니라는 것도 자명합니다. 왜냐하면 당신은 정상적으로 숨 쉬고 있지만, 소피야는 그 순간 실제로 '겁에 질려서' 숨을 돌리지도 못하고 있기 때문입니다. 어쨌든 당신은 줄거리를 통해 그 순간의 역할의 대사,

생각, 관계, 희곡의 사건 등을 아주 잘 알고 있습니다. 포착된 이 모든 것들이 당신에게서 감정, 즉 흥분을 불러냅니다. 그러나 이것 또한 소피야가 이와 같이 끔찍한 순간에 느꼈을 그 힘, 그 충만함, 그 열정은 아닙니다.

이후 연출가는 여배우에게 파무소프가 '셔츠 한 장만 걸치고 있는' 말찰린과 같이 있는 그녀를 만났다고 가정해 보라는 충고를 하였다. 그는 그녀의 얼굴에 나타난 망설임을 눈치 채고 계속하여 말하였다.

> 망설이지 말고, 판단하지도 말고, 마치 당신이 지금 여기, 리허설에서 무슨 일이 있는지, 즉 반쯤 벗은 채 말찰린이 있다고 생각하고 나에게 말해보세요.[9]

그리고 난 후 스타니슬랍스키(파무소프)는 마치 소피야와 말찰린의 악행을 폭로하듯 그들을 '너무나 적의에 차고 너무나 화가 나서' 쳐다보았다. '무슨 일이 있어도 너희는 절대 짝이 될 수 없다.'라는 그의 말에 A.O. 스테파노바는 그의 의심으로부터 피하기 위해 무의식적으로 소리친다. '그는 지금 막 들어 온 거예요!' 리허설에서 이처럼 배우에게 우연히 터져 나온 예상 밖의 날카로운 억양은 나중에 완화되기는 했지만, 이 순간의 심리적인 긴장과 소피야의 적극적인 방어는 공연의 오선지 속에 확립되었다.

고르차코프가 회상한 것과 같은 위의 예는 스타니슬랍스키의 실제 연출 작업에서 흔히 있는 일이었다. 이것은 배우로 하여금 무대적 사건의 확장 및 행동의 첨예화를 위해 경계를 넘는 것도 두려워하지 않게 하여

---

9) 고르차코프 H. 『스타니슬랍스키의 연출수업』, 예술, 1950, 201-202쪽.

제시된 상황에 대한 그 어떤 과장도 불사할 수 있게 하였다. 스타니슬랍스키는 계속하여 언급했다.

> 나무에서 더 편하게 자신을 느끼기 위해 나무 꼭대기라도 올라가세요. 맨 처음에는 과장 연기를 한다고 해서 두려워하지 말고 역할의 어려운 순간까지 접근해 보세요. 당신이 필요 없는 것들을 버릴 수 있도록 진실의 감정이 즉시 도와줄 테니까요.

그렇지만 스타니슬랍스키는 행동의 유기성을 유지하기 위해서 형상의 행동 논리를 단순화시키지는 않았으며, 오히려 그러한 지나친 신중은 무대적 투쟁의 날카로움을 둔화시키고, 공연의 상상적인 울림 또한 둔화시키는 것으로 여겼다. 그리하여 그것은 예술적 진실을 생활에서 있음직한 수준으로까지 끌어내리는 것이다.

분명한 사실은 배우가 정서적인 충만함을 전문적인 능력을 이용하여 기계적 계산으로 바꿔치기하며 과정의 유기성을 무시하고 역할의 행동 논리를 형식적으로 재현할 때 예술적 진실은 무대에서 사라진다는 것이다.

또한 능력의 부족뿐만 아니라 잘못된 작업 메소드로 인해 배우는 자주 이와 같이 거짓된 길로 내몰리기도 한다. 따라서 배우는 준비된 창조 단계를 뛰어넘으며 형상의 인물로서 즉시 행동할 수 있도록 노력해야 한다.

한편 역할에 대한 작업 초기에 배우의 행동은 자신인 1인칭으로 실행되어 점차 등장인물의 행동 논리를 획득하게 된다. 이렇게 채택된 행동의 논리는 배우자신의 것이자 동시에 인물형상의 것이기도 하다. 그리하여 배우는 1인칭으로서 행동하며 동시에 자신이 연기하는 역할의 인물로서 행동하기 시작한다.

〈여관집 여주인〉의 2막에 대한 학생의 작업은 행동 논리의 형성과정이

거의 막바지에 다다르고 있음을 보여준다. 행동은 기사인 라파프라타의 방에서부터 시작된다. 막이 열리면 하인이 그에게 스프를 가져온다. 그리고 난 후 여관집 여주인 미란돌리나가 자신이 직접 만든 라구를 대접하기 위해 등장한다. 이 식사에 부르고뉴 지방의 포도주가 제공되고 이후에 하인이 디저트를 가져온다. 장면이 계속되는 동안 일어나는 일은 기사의 식사뿐이다. 그러나 작가는 기사의 식사하는 모습을 보여주기 위해서가 아니라, 미란돌리나가 쳐놓은 덫에 기사가 어떻게 걸려들었는지 보여주기 위해 이 장면을 쓴 것이라는 것이 분명하다. 식사는 아직 무대적 사건은 아니지만 중요한 사실이자 제시된 상황이며, 그것에 대한 고려 없이는 올바르게 행동을 수행한다는 것은 불가능하다. 따라서 이 사실에 대한 연구로부터 작업을 시작해야 한다.

만약 무대에서 식사가 이루어지고 있다면, 배우는 이 사실과 관련된 수많은 신체적 행동들을 완전하게 섭렵해야 한다. '상상의 대상 다루기'라는 작업경험에 의하여 배우는 뜨거운 스프가 가득 찬 접시를 식탁에 가져와서 내려놓는 것, 숟가락, 포크, 칼을 배치하는 것, 빵을 자르고 소금, 후추, 포도주를 내놓는 것, 설거지 용기들을 치우는 것 등을 수행해야 한다. 이와 같이 지극히 단순한 신체적 행동들을 완전히 섭렵한 이후에야 기사의 하인은 식탁에 음식을 내오고 서빙하면서 주인과 자유롭게 대화를 나눌 수 있게 된다.

한편 기사와 미란돌리나는 식사와 직접적으로 관련된 신체적 행동 이외의 역할도 맡아야 한다. 그저 단순히 식탁에 음식을 내오고, 상상의 뜨거운 요리를 먹는 것을 수행하기만 하면 되는 것이 아니라 무엇을 식탁에 내오고, 무엇을 먹는지, 라구의 다 뜯어먹고 남은 뼈는 어디에 둘 것인지, 기름투성이의 숟가락은 어디에 닦을 것인지 등의 행동을 통해 해당 음식

(스파게티 또는 라구)만의 전형적인 어떤 것을 찾아내는 것이 중요하다. 만약 작업의 제일 처음부터 배우와 관객으로 하여금 진실성을 확보할 수 있도록 도와주는 모든 '자연주의적' 세부 사항들을 무시한다면, 보다 복잡하고 매력적인 창조적 과제가 발생되었을 때 부차적인 신체적 행동의 마무리를 위해 다시 돌아오기는 쉽지 않다.

식사 자체와 직접적으로 관련된 모든 기초적인 신체적 행동이 완성되었을 때, 식사시간에 무슨 일이 일어났는가? 달리 말하자면, 등장인물들의 상호관계는 이 장면동안 줄거리의 발전 속에서 어떻게 변화되었는가? 라는 질문을 명확히 할 필요가 있다.

우리는 이미 희곡의 주 갈등이 자신의 여성적 매력을 위한 미란돌리나의 투쟁이라는 점을 밝혔다. 여성에 대한 무시는 기사에 대한 그녀의 복수를 공연 전체에 걸쳐 실행하게 만들고 있다. 그러나 이제 우리는 다른 장면과는 달리 본 장면에서는 특별히 무엇이 발생하는 가에 대해 관심을 돌려야 한다. 이를 테면, 아침까지만 해도 자신을 모욕하던 남자에게 미란돌리나는 애정고백을 성공적으로 받아낼 수 있을까? 어떻게 그녀가 이것을 달성할 수 있으며, 그들 사이의 투쟁은 어떻게 진행될까? 등이다.

이러한 복잡한 행동을 정리하고 확정하기 위해 큰 사건을 일련의 보다 작은 구성요소 또는 장면의 참여자들 각각의 행동 논리와 일관성을 동시에 분명하게 해주는 에피소드로 분리하는 것이 시의적절하다. 이러한 작업은 희곡을 '조각들'로 나누기 이전에 필요하다. 하지만 이제 우리는 은연중에 희곡의 개별적이며 단편을 연상시키는 '조각들'이라는 용어를 자제하는 것이 좋겠다. 그 이유는 '희곡의 조각들'이나 가장 미미한 부분에서조차도 중단 없이 흐르는 삶, 투쟁의 느낌을 잃지 않는 것이 중요하기 때문이다. 그러므로 '조각'보다도 사건, 에피소드와 같은 개념이야말로 희곡의 각 단편의 실제 의미를 보다 정확하게 결정해준다.

또한 큰 사건을 작은 구성요소로 나누어 무대적 투쟁의 논리를 밝히는 것은 장면의 모든 참여자들에 의해 수행되어야 한다. 이것을 혼자 하는 것은 불가능하다. 왜냐하면 행동의 논리는 파트너와의 살아 있는 상호 관계 속에서 결정되고 명확해지기 때문이다.

연극학교 학생들과의 이러한 작업이 어떻게 진행되는지 살펴보자. 기사 라파프라타가 혼자서 손에 책을 들고 방안을 서성거리고 있다. 우리는 그가 이미 떠날 채비를 다 했다는 것을 알고 있다. 비록 플로렌스에는 그의 친구와 친척들이 있지만 그는 여관방에서 하루 종일 보내는 것을 더 좋아한다. 아니면 이미 그는 여주인이 다시 한 번 들러주기를 기다리고 있는 것은 아닐까? 왜냐하면 한 시간 전에 그는 '그녀를 보게 되면 기쁠 것이다.'라고 말하면서 자신에게 들러주기를 부탁했기 때문이다. 앞 장면을 통해 우리는 그가 이미 그녀와 '밀통'을 하는 것이 싫지 않다는 것을 알고 있다.

나는 즐기기 위해 다른 누구보다도 더 빨리 그녀에게 머무를 수 있을 거야. 그러나 사랑에 빠진다면? 자유를 잃는다면? 천만에! 치마 두른 여편네와 사랑에 빠지는 건 바보들이야!

2막 시작에서 기사는 이미 자신의 호감을 얻은 미란돌리나와 즐기는 것에 반대하지 않는다. 비록 그녀와 사랑에 빠질 가능성을 전적으로 배제하고 있지만, 이것은 어쩌면 이미 그녀의 여성적 매력에 위험을 느끼기 시작했기 때문일 수도 있다.

여기서 기사 역의 배우는 자신에게 여성혐오를 정당화 하고 있다. 뻔

뻔한 여자의 교태에 대한 그의 증오는 이후 타지에서 온 여배우들과의 장면에서 확연히 드러나는데, 이때 그는 조금의 망설임 없이 그녀들을 혼내준다. 기사는 무엇보다도 개인적인 독립을 소중히 여기는 대단한 이기주의자라는 사실 또한 분명히 드러난다. 그러므로 이 역할을 맡은 배우는 여성에 대한 이러한 경멸적이며 거만한 태도의 원인을 다양하게 정당화할 수 있어야 한다.

이에 대해 라파프라타 역할에 대한 자신의 작업과 관련한 스타니슬랍스키의 인정은 흥미롭다. 그는 서류철에 다음과 같이 기록하고 있다.

> 나는 역할과 공통된 요소들을 찾아 그것과 나의 개인적인 요소들을 비교하기 시작했다. 여성혐오부터 시작했다. 그러나 나는 여자를 좋아한다. 나는 내 속에서 그와 같은 감정을 찾을 수 없었다. 여자들 중 내가 싫어하는 사람을 떠올려 보았다. Er. 게오르그를 떠올려보기도 하고, 아예 뚱뚱하고 시끄럽고 거만한 여자들을 떠올렸다. 나는 마음속으로 그들을 증오한다는 생각으로 적의를 느꼈으나 다른 것에 대해 생각하자 모든 것이 사라졌다. 이것은 웃기지도 않았으며, 중요한 것은 매력적이지 않았다는 것이다.
>
> 여성혐오로부터 나는 내 자신에게 어떤 실마리도, 일관된 행동도 형성할 수 없다는 것을 깨달았다. 다시 나는 자신의 마음속의 요소들로 돌아왔다. 나는 무엇보다도 착하고 순진하였다. 특히 애정 문제에 있어서는 자신을 선량하다고 생각하여 곧 여성에 대한 두려움에 굴복할 거라는 느낌이 들었다. 그때 마치 무엇인가가 발견된 것처럼 우스워졌고 마음이 따뜻해졌다. 나는 겁에 질린 듯한 시선으로 미란돌리나의 눈을 직시하는 것은 여자로서 그녀에 대한 우스꽝스러운 두려움의 감정을 제공해 준다는 것까지 알아차리게 되었다. 조금 원기를 찾은 것 같았다. (5권, 521쪽)

스타니슬랍스키는 계속하여 적고 있다.

네미로비치-단첸코는 전혀 다른 방향에서 역할에 접근하였다. 그의 의견에 의하면 기사는 여자를 마음에 두지 않는 것이 아니라 경멸하듯 여자 곁을 지나갔다. 그는 유쾌하고, 술에 약간 취했으며, 선량하고, 어리석은 기병소위이다. 말을 경솔하게 재빨리 내뱉고, 여자를 전혀 두려워하지 않는다. 그는 사랑에 빠졌으나 알아채지 못하고 결국 함정에 빠져 밑으로 굴러 떨어진다. 이것은 바로 자신의 힘과 여성에 대한 증오를 과신한 결과이다. (5권, 523쪽)

그리하여 기사는 손에 책을 들고 방안을 서성인다. 하지만 이러한 그의 행동은 무슨 의미인가? 어쩌면 그가 미란돌리나의 등장을 기다리고 있으며, 전혀 관심도 없는 책을 읽는 척 하며 자신의 행동을 숨기고 있을 수도 있다. 그런데 기다림은 일련의 세세한 신체적 행동들로 이루어진 더 복잡한 행동이다. 예를 들면 기사는 복도의 발걸음에 귀를 기울일 수도 있고, 때때로 문을 볼 수도 있으며, 다가올 만남에 대해 생각할 수도 있고, 상상 속에서 가장 유혹적인 장면을 그려볼 수도 있으며, 시간을 재촉할 수도 (그는 자리에 앉아있지 않다) 있고, 부수적인 일을 하면서 자신의 관심을 돌릴 수도 있다. 그는 자기 생각에 빠져 있어서 스프를 가져와 식탁에 놓으며 '나리, 원하신다면 가져온 음식을 드시지요.'라고 말하는 하인에게 관심을 두지 않는다.

이와 같은 작업 단계에서는 아직까지 배우에게 텍스트의 정확한 분석을 요구하지 않으며, 작가(골도니)의 생각은 배우 자신의 말로서 전달 될 수 있다. 하지만 이후의 장면 시연 때는 작가의 텍스트에 의거하는 것이 더 편리하다.

이제 하인의 이와 같은 말은 그를 식탁에 앉게 한다. 이후의 대화에서 하인은 그저 스프가 식탁에 있다는 것만 알려준 것이 아니라 다른 하숙인들에게 제공되던 식사와는 다르다는 것과 오늘의 식사는 보통 시간보다 빨리 제공되었다는 것을 알림으로써 주인의 칭찬을 기다리고 있었던 것이다. 그는 이것을 어떻게 수행할 것인가? 이것은 기사와의 상호관계를 고려하여 자신의 상상으로서 역할의 행동을 찾아 정확하게 결정하고 수행해야만 가능하다.

희곡의 텍스트를 통해 기사는 하인과의 관계에서 격식을 차리지 않으며, 아주 작은 실수에도 지독한 욕설을 퍼붓는다는 것을 알 수 있다. 아마도 전에는 평범한 시골 청년이었던 하인은 기사의 면전에서는 졸병, 머슴, 마부이다. 경우에 따라서 그는 요리사, 세탁부, 설거지 하는 사람이다. 그는 주인에게 우아하고 공손하고 조심성 있게 대하는데, 이는 필경 그에게 내려지는 주먹세례가 두렵기 때문일 것이다.

기사는 식탁에 앉아서 하인에게 질문을 던진다.

　－오늘은 다른 때보다 빨리 식사를 내온 것 같은데?
　－우리 것이 다른 사람들보다도 먼저 나왔어요. 시뇨르 알바피오리타
　공작이 자신에게 제일 먼저 달라고 고함을 쳤지만, 여주인은 누구보다도
　나리께 먼저 갖다 드리라고 명령했어요. 경쟁자들, 즉 다른 나리들의 하
　인들을 물리친 하인은 호언장담하였다.

그리하여 미란돌리나가 기사를 더 좋아한다는 것이 판명되었으므로 '나는 그녀의 관심에 대해 매우 감사드린다.'라는 기사의 대답은 가능하다. 그는 자신의 감사가 미란돌리나에게 전달되어야 한다는 계산으로 말한 것이다. 그런데 하인은 주인이 마침내 여주인의 매력을 인정하게 되었

음을 깨닫고 그로 하여금 이러한 견해에 확신을 가지게 하려고 애쓴다. 하인의 '그녀는 아름다운 여자예요, 나리. 수많은 사람들을 만나봤지만 여주인보다 아름다운 사람은 못 봤어요!'라는 대사는 이것을 증명하고 있다.

하인의 대꾸에서 특별하고 황홀경에 빠진 억양을 눈치 챈 기사는 스프에서 눈을 떼고 그를 향해 직접적으로 질문을 던진다. '그녀가 마음에 드냐? 그래?' 하인은 약간 우물쭈물하다가 그녀에게 관심이 있음을 인정한다. 그러나 하인이 그렇게 말한 것은 주인을 화나게 하지 않기 위해서였지만 사실은 '만약 제가 나리께 불쾌한 일을 행한다는 걸 두려워하지 않았다면, 저는 미란돌리나의 머슴으로 들어갔을 겁니다.'라는 것이 하인의 속내이다. 기사는 미란돌리나에게 새로운 추종자가 나타났음을 의심치 않았다.

－어떻게 이 촌스러운 바보가 여자의 매력을 알게 되었지! 멍청이! 그녀에게 네놈이 잘도 필요하겠다!
－그녀와 같은 여자에게 나는 개처럼 일할 준비가 되어 있습니다.
－닥쳐! 모두를 홀리는구만. 그에게 위험요소가 될 수 있는 이러한 진지함을 깨닫기 시작하면서 기사는 생각했다.
－만약 나도 그녀의 매력에 굴복한다면 웃기게 되겠군. 그렇게 안 되도록 해야지! 그래서 그는 결정을 내린다.
－내일 바로 리보느로로 떠난다. 그는 이 말을 하며 스프접시를 다 비웠다.

하인이 가져온 첫 번째 음식을 기사가 다 먹은 것 외에 첫 번째 에피소드에서 무슨 일이 발생하는가? 기사는 어떤 새로운 것을 삶의 선(line) 속으로 또는 그들의 상호관계 속으로 가지고 왔는가? 이 질문에 답하기 위해 에피소드가 어떻게 시작되었으며 무엇으로 끝맺는지를 떠올려보자.

기사는 미란돌리나와의 새로운 유쾌한 만남을 기다리는 것으로 시작하여 그녀와의 모든 관계를 끊고 '죄로부터 더 멀리' 떠날 결심을 하는 것으로 끝맺는다. 그 속에서 자기 보호(다른 사람들처럼 함정에 빠지고 싶지 않음)의 본능에 눈을 떴을 수도 있고, 여관의 하숙인들뿐만 아니라 그들의 하인들에게조차도 분별없이 꼬리를 치는 여자에 대하여 일체의 관심을 상실했을 수도 있다. 이것은 기사의 형상에 대한 개인적 해석이다. 그러나 가능성 있는 대안들 속에서 의심의 여지가 없는 것은 그 역할이 시작(모든 여자에 대한 경멸)되었던 최초의 상태로부터 뒷걸음질 치게 되었다는 것이다. 이것은 그와 미란돌리나의 투쟁의 논리를 첨예화하고, 그녀의 등장에 대한 새로운 관심을 증폭시키고 있다.

이것이 첫 번째 에피소드의 내용이며, 학생들과의 작업결과로 암시된 결정이다. 장면에 대한 이후의 연구는 인물 형상을 위한 모방으로 진행되는 것이 아니라, 구체적인 예를 통해 에피소드의 결정과정과 행동의 논리 찾기 과정이어야 한다.

우리는 큰 사건이 일련의 사건 또는 에피소드로 구성되고, 그것들의 각각은 전개, 발단, 절정, 완성논리를 가지는 투쟁의 특정단계를 거치고 있음을 알아야 한다.

예를 들어, 전개되는 사건의 사슬 중 첫 번째 고리에서 리보느로로 떠나야한다는 기사의 결정은 미란돌리나에게 호의를 가진 생각에 반대되는 것이다. 이것은 차후의 미란돌리나의 등장과 함께 시작되는 주 사건에 대한 일종의 서막이다.

미란돌리나는 문을 조금 열고 기사가 자신의 방문을 내심 기뻐하기를 바라며 들어가도 되는지 허락을 구한다. 지난번 만남에서였다면 그는 '당신을 보게 되어 기쁘다.'라고 말할 수 있었을 것이다. 그 또한 특별한 요리법에 따라 준비한 라구가 효과가 있을 거라 생각했을 것이다. 하지만 지금은 여주인이 그에게 관심을 가지고 있다는 새로운 징표가 그로 하여금 한층 더 경계하게 만든다. 그리하여 그는 미란돌리나에게 그 어떤 관대함도 보여주지 않고, 그녀로부터 상당한 거리를 유지하리라고 굳게 결심한 터였다.

　─누구요? 여주인의 목소리를 알아채지 못한 듯 그가 말했다. 그 다음 그녀를 힐끔 보고 난 뒤 손짓으로 하인을 부른다.
　─무슨 일이십니까? 기사에게 다가가며 하인이 묻는다.
　─그녀의 손에서 접시를 받아오너라. 하인은 자기 주인이 조금 전만해도 칭찬을 늘어놓던 매력적인 여관집 여주인에게 보이는 새로운 무관심을 이해하지 못하지만 명령을 수행하기 위해 그녀에게 다가간다. 미란돌리나도 그러한 만남을 예상하지 못했다. 모욕적인 기사의 잘난 척은 그녀로 하여금 또다시 긴장하게 만들었다. 돌아서서 자존심을 지키며 그 자리를 뜨는 것은 무엇보다 쉬운 일이다. 그렇다면 여기서 자신의 복수 계획을 철회해야만 하는 것일까? 아니다. 모든 수단을 동원해서 기사의 방에 남아 그의 분노를 친밀로 바꿀 필요가 있다. 그러므로 순간적인 흔들림 뒤에 그녀는 하인을 밀친다.
　─실례입니다만, 제 손으로 직접 식탁을 차려드릴 수 있는 영광을 주십시오. 기사를 누그러뜨리기 위해 그녀는 구상해 놓은 계획에서 물러서지 않는다. 필요하다면 아부를 하고 비굴하게 굴 준비가 되어 있다. 그녀가 식탁으로 다가가려고하자 기사는 약간 누그러진 목소리로 그녀를 제지한다.
　─하지만 그것은 당신 일이 아니오. 여주인은 가다말고 예의바르게 멈

추었으나, 상대방의 억양 속에서 변화를 눈치 채고 부드럽게 그에게 반발한다.

- 아이, 시뇨르! 제가 누군가요? 지체 높은 부인이라도 되나요? 우리 여관에 살고 있는 분들의 하녀나 마찬가지인걸요.

- 저렇게 겸손할 수가! 기사는 여전히 반대는 하지만 사실상 이미 물러서서 속으로 생각한다. 이로써 미란돌리나는 식탁에 음식을 차릴 수 있는 권리를 획득한다. (비록 지문에는 그녀가 조금 더 일찍 이것을 행하지만) 끝까지 자신의 행동을 정당화하기 위해 그녀는 음식, 포크, 빵을 내어오며 그에게 말한다.

- 솔직히 말해, 저는 정말로 모든 것을 직접 하고 싶었어요. 하지만……
여기서 그녀는 자신을 자제하지 못하는 다른 하숙인들에 대하여 비꼬는 제스처를 취한다.

- 당신이 나를 이해할 수 있을까요? 나는 일체의 망설임도 없이 자유롭게 용기를 내어 당신에게 왔어요. 여주인은 또다시 격의 없는 분위기를 만들려고 애쓴다. 그녀는 기사에게 품위 있는 아부를 하는 동시에 그녀에게 있어서 그가 남자로서는 그리 위험한 인물이 아니라는 것을 암시하는데, 이것은 그의 자존심을 상하게 한다.

- 감사합니다. 그는 그녀와 더 이상 허물없이 지내고 싶지 않았으므로 가져온 음식에 관심을 돌린다.

본 에피소드에서 배우들 각자의 행동, 즉 미란돌리나의 역량으로부터 자신을 보호하는 것(그의 목표)과 기사의 호의를 얻는 것(그녀의 목표)을 이성적인 방법으로 결정하는 것은 어렵지 않다. 그러나 이해하는 것뿐만 아니라 신체적 행동의 논리를 이해하기 위해서는 장면에 대한 연구 다음에 그것을 실제에서, 그리고 상대방과의 살아 있는 상호 작용 속에서 점검해 보는 것이 보다 더 합목적적이다.

따라서 미란돌리나 역의 여배우는 기사의 저항을 억누르면서 문에서 식탁까지의 거리를 극복한다는 것이 어떤 의미인지 자신이 느껴봐야 한다. 이를 위해 중요한 것은 상대방을 화나지 않게 하면서 그에게 서빙을 하고자 하는 것 외에 다른 의도는 전혀 없다는 점을 설득시키는 것이다. 기사 역의 배우는 이로 인한 자신의 불안감을 들키지 않고 그녀의 행동을 예의 주시하면서 직접적이든, 간접적이든 상대 여자가 자기에게 접근하지 못하게 만든다는 것이 무슨 의미인지 느껴야 한다.

이제는 일관된 행동의 발전이라는 관점에서 본 에피소드에서는 무엇이 발생하였는지 살펴보도록 하자. 군사용어로 말하자면, 방어선을 뚫기 위해 미란돌리나는 공격을 위한 거점을 확보한다. 중요한 것은 배우에게 그들의 투쟁이 판에 박히거나 보여주기 위한 것이 아니라 내적으로 정당화된 것이라는 점을 이끌어내는 것이다. 비록 그녀의 행동 단계는 사전에 정확하게 결정되어야 한다하더라도 이를 위해 수많은 시도, 탐색, 유기적 과정의 완성이 필요하다.

그리고 난 후, 이기기도 하고 지기도 하면서 파트너들 간의 '결투'가 일어나는데, 이 속에서 후퇴와 공격, 타격을 가하는 것과 그에 대한 격퇴의 순간들을 찾을 수 있을 것이다. 모든 결투에서와 마찬가지로 파트너들은 적의 행동에서 지극히 미미한 변화라도 감지하기 위해 무엇보다도 먼저 서로를 주의 깊게 주시해야 한다.

―무슨 요리인가요? 기사는 그릇의 뚜껑을 열어 하인에게 넘겨주며 물었다. 대기하고 서서 식사가 끝나기를 기다리며 하인은 여주인을 동정하고 그녀에게 지나칠 정도로 냉엄하게 구는 주인을 비난한다. 시간이 갈수록 그는 미란돌리나를 격려해주며 그녀와 서로 눈짓한다. 여주인은 그 와중에도 하인에게 교태를 부린다. (나머지 추종자는 그녀에게 전혀 부담되지 않는다.)

−제가 직접 만든 라구에요. 식탁 옆에 웨이터 의자와 비슷한 자리를 찾은 뒤 여주인이 대답한다. 맛있는 냄새로 인해 기사는 여주인을 격려할 수 있을 만큼 한층 부드러워 졌으며, 칭찬을 할 만큼 너그러워졌다.

−당신이 직접 준비했다면 분명 맛있겠죠. 아하, 기사는 그녀에게 또 한 번 굴복하였다. 미란돌리나는 그렇게 판단하고 그에게 칭찬의 응답을 보내며 당장 공격태세로 전환한다.

−당신은 아주 친절하시군요, 시뇨르. 저는 아무것도 제대로 요리할 줄 모릅니다만, 당신과 같은 기사님을 기쁘게 해드리고 싶었어요. 공격을 강화하기 위해 그녀는 그의 목과 귀를 건드리면서 순백색의 냅킨을 기사에게 묶어준다. 기사는 그녀의 '우연한' 터치에 약간 몸을 움직인다. 여관집 여주인에게 지나친 친절을 베풀게 되자 그는 너무 멀리 온 것 같았다. 그래서 기사는 마음속으로 결심한다.

−내일 바로 리보르노로 떠나오. 여주인 또한 아무 일도 없었던 것처럼 기사의 의자 뒤에 자리를 잡는다. 그러나 그는 비록 한 순간이나마 공식적인 관계의 선을 넘지 않겠다던 자신의 의지가 흔들림을 느낀다. 그리하여 다가오는 위험을 느끼고 또 다시 이전의 결심으로 돌아간다. 그는 머뭇거리지 말고 아직 늦지 않았기에 도망감으로써 위험으로부터 벗어나고자 한다.

다음 에피소드는 미란돌리나의 존재로부터 벗어나려는 기사의 새로운 시도로부터 시작한다.

−당신이 하는 일이 있다면, 그는 말한다, 나에게 시간 낭비하지 마시오. (달리 말하면 나는 당신을 더 이상 잡지 않을 터이니 가도 좋아요.) 미란돌리나는 자신의 속내가 드러나지 않도록 조심하며 그의 반격을 받아넘긴다.

−아니에요, 시뇨르. 집에는 요리사와 하인들로 꽉 찼는걸요. 여기서 그

녀는 마치 자신에 대한 그의 결의에 감사하는 듯하다. 그러나 이후에도 여기에 계속 머무르고 있는 것은 어떻게 정당화 할 것인가? 아하, 출구를 찾았다.

—음식이 당신 입맛에 맞는다는 말을 듣게 된다면 얼마나 좋을까요? 이것은 지극히 현실적인 정당성이다. 미란돌리나는 실제로 훌륭한 여주인이자 요리사이므로 여관의 명예를 주장할 권리가 있다. 그래서 기사는 이 의견에 반대하기가 쉽지 않다.

—지금 당장 말하고 싶군요. (당신을 더 이상 지체하지 않도록 하기 위해) 음식 맛을 잘 아는 기사는 그를 위해 특별히 준비한 훌륭한 요리를 맛보기 시작한다. 그는 대접에서 조심스럽게 라구의 뼈를 꺼내어 발라먹은 다음 아주 맛있게 손가락을 핥아먹고 특별한 요리의 품질을 평가한다. 여기서 배우는 지극히 직접적인 감탄사를 내뱉을 준비를 하기 위해 절대로 서두르면 안 된다.

—훌륭해! 대단해! 둘이 먹다가 하나가 죽어도 모르겠소. 뭘로 만든 거요? 이것은 식도락가의 평가이자 질문이다. 따라서 미란돌리나 역시 특출한 명인이라는 결과가 된다. 칭찬에 의해 가속도가 붙은 미란돌리나는 교태스럽게 칭찬하기 시작하며 그녀가 방금한 말과는 완전히 상반된 말을 한다.

—저에게는 저만의 작은 비밀이 있답니다. 이 두 손은 수많은 멋진 일들을 해낼 수 있죠. 그때 기사는 처음으로 그녀의 손이 아름답다는 것을 알아챈다. 기사의 관심이 어디로 쏠렸는지 눈치 챈 미란돌리나는 손을 서둘러 숨기려 하지 않고 반대로 잘 볼 수 있도록 쫙 펼친다. 자, 이제 그는 자기에게로 쭉 뻗은 그녀의 두 손을 잡아 자기 쪽으로 당겨온다. 그는 이로 인해 약간 흥분된다. 그는 다시 지나치게 멀리 간 것 같다. 그녀의 눈은 마치 그를 비웃는 듯 미소를 띠고 있다. 자신의 흥분을 재빨리 식히기 위해 기사는 하인에게 명령한다.

—포도주를 가져와. 명령 속에 강압적인 어조가 있는 경우에는 지금 당장 실행해야 함을 하인은 잘 알고 있다. 하인은 식당에 있는 병을 집어

들고 식탁으로 향한다. 그러나 미란돌리나가 그의 동작을 가로막는다.

－이 요리는, 시뇨르, 좋은 포도주를 필요로 하죠. '그녀는 또다시 나를 지휘하려고 하는구나.'라고 기사는 생각했다. 그렇다면 좋아, 내가 허접 쓰레기 같은 것을 마신다고 생각하지 않도록 놓아두자. 나에게는 외국 포도주가 있으니까.

－보르고뉴 포도주를 가져와!

－바로 그거에요! 그녀는 직접 선반에서 미리 봐둔 병을 가져와 허물없이 기사에게 다가간다.

－보르고뉴는 훌륭한 포도주이지요. 제 생각에 식당의 포도주 중에 이것이 제일 좋은 보르고뉴 포도주 같아요. 그리하여 기사는 또다시 자신에게서 위험한 유혹녀를 몰아내고 그녀로부터 빠져나오고 싶었으나 반대로 자신의 요리법, 포도주에 대한 섬세한 지식, 격의 없는 아양 등에 힘입어 미란돌리나가 대화의 주도권을 움켜쥐고 식탁에서 주인자리를 차지했다. 이미 그녀는 자신의 다른 추종자들과 마찬가지로 그 또한 지휘하려고 하지 않는가? 때가 왔다. 더 늦기 전에, 그녀를 제자리에 놓고 대신에 자신이 그녀를 꿰뚫어보고 있다는 것을 그녀로 하여금 알도록 만들어야 한다. 그래서 기사는 그녀에게 따끔한 맛을 보여 주기로 결심한다. 그의 첫 번째 말은 칭찬과 비슷하지만 이것은 전적으로 과장일 뿐, 이미 두 번째 말에서부터 가차 없는 폭로가 시작된다.

－당신에게는 모든 것에 대한 탁월한 취향이 있군요. 기사가 말했다.

－네, 맞아요. 저는 실수하지 않죠. 기사의 반어적인 뉘앙스를 눈치 채지 못하고 그녀는 기사 또한 자신의 취향에 맞다는 암시를 하며 대답하였다. 그러나 이때 결정적인 반격이 뒤따른다.

－하지만 이번에는 당신이 실수했어요.

－어디였죠, 시뇨르? 미란돌리나는 불의의 습격을 당하고 아직 정확히 기사의 생각과 계획의 흐름을 이해하지 못한다.

－나를 당신 취향의 특별히 갇혀있는 사람으로 생각하니 말이오. (달리 말하면, 헛수고 하지 마시오. 당신과 나 사이에는 아무것도 없을 것이

니) 미란돌리나가 어떻게 처신을 해야 할지 모른 채 시간을 낭비할수록 기사의 자신감은 더욱 커져간다. 미란돌리나는 생각했다. 설마 그녀의 비밀스러운 구상을 추측할 수 있을 만큼 그가 똑똑한 사람일까? 그리하여 그녀의 모든 노력이 수포로 돌아가고 복수계획이 물거품이 되는가? 시간을 벌 필요가 있다. 그래서 그녀는 지극히 비탄과 억울함을 호소하는 듯 깊이 한숨 쉰다.

—아, 기사 나리! 기사는 그녀를 당황하게 만들고 아픈 곳을 찔렀다는 것을 느꼈다. 승리에 의해 고무된 그는 보다 적극적으로 공격을 계속한다.

—그건 무슨 의미요? 그 한숨은 무엇이오? (만약 당신이 오산했다면 그가 무슨 말을 하던 모욕이 되지는 않을 것이다.)

—당신에게 말할게요. 기사의 비난이 그녀에게 깊은 상처를 준 듯한 목소리로 그녀가 대답했다. 나는 모든 것에 주의 깊지요. 하지만 은혜를 모르는 사람들을 생각하면 화가 나요. 미란돌리나는 한 방 먹이려고 애쓰지만, 그는 그녀를 이해하지 못한 척 하며 조금도 물러서지 않는다. 미란돌리나에게 좀 더 자극을 주기 위해 그는 돈지갑을 흔들며 말한다.

—나는 은혜를 모르는 자가 되어서는 안되지요. (달리 말하면 훌륭한 서빙에 대한 대가를 후하게 쳐줄 테니 더 이상 나한테 기대하지 마시오.)

—당신은 나에게 특별할 것도 없고, 빚진 것도 없어요. 미란돌리나는 기사를 농락하려고 애쓰며 거짓말을 한다. 당신과의 관계에서 나는 해야 할 일을 했을 뿐이에요.

—전혀 없죠. 나도 잘 알고 있소…… 기사가 반박한다. 나는 당신이 생각하는 것처럼 그리 촌스런 사람이 아니오. 그리고 식탁에 돈지갑을 던지며 덧붙인다. 나에 대해 불평할 일은 없을 거요. 미란돌리나는 얼마나 모욕스러운지 보여주려고 애쓴다.

—그럼요, 없구 말구요. 시뇨르…… 나도 그렇게 생각하지 않아요…… 기사는 그녀를 혼내주어 그녀가 교태부린 것에 대해 뉘우치게 만들었으며, 그녀를 이겼다고 확신한다.

기사의 맹렬한 반격의 순간과 미란돌리나에 대한 승리는 독립적인 에 피소드로 구분할 수 있다. 장면연구 시, 작은 구성요소로 희곡을 세분화 하는 것은 보다 자세하게 희곡을 연구하는 데 도움이 된다.

그러나 두 개의 인접한 에피소드 사이에 명확한 경계선을 긋는 일은 어렵다. 본 경우에서도 미란돌리나의 마지막 대꾸는 이전 장면에 대한 완 성인 동시에 새로운 장면의 시작이다. 그녀가 약한 척 함에 따라 기사는 누그러진다. 결국 여자가 특별한 관심을 보이는데 비난할 수 있는가? 이 후 힘든 해명을 피하고 분위기를 완화시키기 위해 기사는 건배를 제안한 다.

－건강을 위해! 그는 술잔을 높이 든 다음 포도주 한 방울까지 다 마시 며 소리 높여 말했다. 미란돌리나는 찾아온 휴전의 순간을 눈 깜짝할 사 이에 이용한다. 그녀는 그의 화해의 건배를 즉시 받아들이기에는 지나 치게 '깊이 모욕당했다.' 그녀는 기사에게서 얼굴을 돌리고 예의바르게 약간 무릎을 구부리고(여자가 인사를 할 때) 눈에 띌 만큼 정중하게 그 에게 말한다.

－삼가 감사를 드립니다. 당신은 저에게 너무나 큰 영광을 주셨습니다.

－훌륭한 포도주로군. 기사는 분위기를 좀 더 누그러뜨리려고 애쓰며 말했다.

－보르고뉴 것입니다. 기사로 하여금 또 한 번 양보하도록 하기 위해 미 란돌리나가 대답했다. 이후의 기사의 몇몇 대사는 최종적으로 구름을 걷어내고, 여주인의 고집을 깨어 그와 함께 포도주 잔을 비우게 만들기 위함이다. 결국 그는 그녀와 합의에 이를 정도로 너그러이 봐주었다. 뒤 따르는 대화에서 기사는 손에 병을 들고 그녀에게 다가와 그녀의 관심 을 끌려고 애쓴다.

－어때요? 병을 가리키며 그가 묻는다.

-아, 아니에요. 감사합니다.

-벌써 식사하셨소?

-했어요.

-한 잔 마셔요.

-그런 친절을 받을 자격이 없는걸요.

-진심으로 권하는 거요.

-뭐라 말씀드려야 할지…… 그녀는 그의 말이 진심인지 살펴보며 약간 머뭇거린 다음 마침내 화해를 하기로 결정한다.

-그렇다면 좋아요. 마실게요. 당신은 정말 친절하시군요.

이전 및 이후의 모든 대화에서와 마찬가지로 이와 같이 짧은 대화에서도 중요한 것은 배우들이 무대에서 작가의 텍스트를 자신의 행동 논리로 바꿀 줄 알아야 한다는 것이다. 사실, 말은 상대방에게 영향을 미쳐야 할 필요성에서 발생하는 것이다. 그러므로 텍스트를 연구한 다음, 텍스트를 잠시 접어 두고 모든 관심을 신체적 행동으로 옮겨야 한다. 이 방법은 파트너들로 하여금 보다 밀착되게 서로를 주시하고 행동에 대한 새로운 섬세함을 발견할 수 있도록 만들어준다. 예를 들어, 모욕당한 여주인을 다시 친절하게 만들어 그녀의 웃음을 자아내는 것보다 자신을 쳐다보게 하려면 어떻게 해야 할까, 어떻게 그녀를 자기 쪽으로 보다 더 가깝게 유혹할 수 있을까 등이다.

신체적 행동이 완료되었다면 부차적으로 말의 억양을 추가해 볼 수 있다. 하나의 감탄사 사용만으로 파트너의 주의를 자기 쪽으로 끌어올 수도 있고, 파트너를 귀여워해 줄 수도 있으며, 그리고 파트너를 누그러뜨릴 수도 있고, 파트너에게 무엇인가를 제안할 수 있도록 한다. 마찬가지로 말의 억양을 통해 모욕, 저항을 표현하고, 화해하자는 부탁을 거부할 수도 있으며, 그리고 파트너가 제안한 것에 대해 동의할 수도 있다. 행동의 흐름이 신체적으로 느껴질 수 있을 때에만 다음 장에서 이야기하게 될 언어적 행동으로 넘어갈 수 있다.

우리가 선택한 에피소드에서 언뜻 보기에는 기사와 그에게 모욕을 느낀 미란돌리나 사이에 화해가 이루어진 듯하다. 기사는 그렇게 생각할 수 있다. 그러나 잠깐 동안의 당황 뒤 정신을 차린 미란돌리나는 모욕당한 척 하며 기사로 하여금 자기의 뒤를 따라다니게 만들고, 그를 복종시켜 이 순간부터 더 이상 주도권을 놓지 않고 있다. 그녀는 그를 휘청거리게 만들 힘을 회복하고, 새로운 공격을 준비하기 위해 그와 화해한다. 장난스럽고 우호적인 농담으로 그녀는 그에게 접근하기 위한 대담한 발걸음을 내딛는다.

—한 잔 더. 기사는 하인에게 명령한다.
—아니, 아니에요. 미란돌리나가 만류한다. 허락하신다면 이 잔으로 마실게요. (기사의 잔을 집어 든다.)
—무슨 말씀을! 그건 제 잔이잖아요! 내가 이미 그 잔으로 마셨잖아요! 술잔을 쥐고 기사가 항변한다. 그러나 미란돌리나는 웃으면서(지문에 따르면) 그의 손에서 잔을 빼낸다.
—괜찮아요. 괜찮고 말구요. 당신이 남긴 것을 마실게요.
—이런 망나니! 잔에 포도주를 따르며 기사는 익살맞게 화를 낸 다음 자세를 느슨히 하며 또 한 번 그녀에게 굴복한다. 이 다음 미란돌리나에게는 극복해야 될 장애물이 한 가지 더 남아있다. 그것은 바로 기사에게 있어서 그녀가 유희의 대상이나 귀족의 식탁에서 남은 찌꺼기를 대접해도 되는 미천한 하녀가 아니라, 자신에 대한 관심과 존경을 요구하는 여자가 있다는 것을 느끼도록 만드는 것이다. 다음 에피소드에서 그녀는 기사로 하여금 자신과 동등한 사람으로서 식탁에 부르도록 만든다. 어

떻게 그녀가 이것을 달성할 수 있을까? 그녀가 막 실행한 대담한 행동 다음에 기사의 잔을 손에 넣은 미란돌리나는 갑자기 격식을 차리기 시작한다.

-식사한지 오래되었는데, 술 취할까봐 걱정이 됩니다.

-신경 쓰지 말아요. 기사는 일이 어떻게 돌아가는지 미심쩍어 하면서 그녀를 진정시켰다.

-저한테 빵 한쪽 주시지 않으시겠어요? (다른 말로 하면, 나를 대접할 생각이라면, 제대로 해라.)

-물론이죠, 드세요. 기사가 그녀에게 빵을 준다. 미란돌리나는 한 손에는 잔을 들고 다른 한 손에는 빵을 든 채 서 있기가 아주 불편하다는 태도를 지어 보인다. 포도주가 그녀의 새하얀 앞치마로 흘러내리고 있다. 이 모든 것은 기사로 하여금 또 한 번 그녀에게 큰 관심을 보이도록 만들기 위해서이다.

-불편하세요? 앉으실래요?

-아니, 무슨 말씀을! 어디 감히 그런 영광을. (즉 당신과 나 자신이 동등하지 못하다는 것을 알고 있으므로 당신을 불편한 상황에 처하게 만들고 싶지 않아요. 사람들은 당신이 내 뒤를 쫓아다닌다고 생각할 수 있어요. 사실은 전혀 그렇지 않은데!)

-어리석은 소리! 기사는 반박한다. 우리는 동등해요. 그리고는 하인에게 말한다. 안락의자를 가져와! 안락의자를 가지러 사라진 하인은 대단한 관심을 가지고 자기 주인과 여관집 여주인 사이의 관계가 어떻게 발전할지 주시한다. 하지만 그는 결코 미란돌리나가 거둔 성공만큼 자기 주인도 성공하기를 바라지는 않는다.

-분명, 죽을 때가 된 거야. 그는 의자를 끌어오며 생각했다. 주인님에게 이런 일은 단 한 번도 없었거든.

-자신의 가치를 높이고 이후에 기사로 하여금 쫓아다니도록 만들기 위해 미란돌리나는 살짝 말한다. 공작 나리와 후작 나리께서 절대 모르셔야 되는데. 아시는 날이면, 제가 아주 힘들어져요.

-왜요? 기사가 의아해 했다.

-그 분들이 한잔 하자고, 혹은 식사하자고 수 없이 제안했지만, 저는 한 번도 승낙한 적이 없거든요.

-그래요, 그럴만하지요. 기사는 생각했다. 그들은 당신을 쫓아다니려고 한 것이지만 나는 그렇지 않아요. 앉으세요. 그는 그녀에게 의자를 당겨 놓았다.

-감사합니다. 그녀는 의자 끝에 걸터앉아 빵을 포도주에 담갔다. 기사는 미란돌리나에 대한 자신의 우위를 확고히 하면서 그녀의 위험한 영향으로부터 벗어나려고 하였으나, 결과적으로는 자기 스스로 그녀를 식탁에 초대하게 되어버렸다. 그리하여 이로 인해 심각한 여성혐오주의자로서의 자신의 평판을 진실로 망칠 수도 있다. 그래서 미란돌리나가 눈치 채지 못하도록 하기 위해 그는 의자를 가져온 하인을 멈춰 세우고 그에게 암시한다.

-잘 들어! 여주인이 나와 식탁에 앉아 있다는 말을 아무에게도 절대 발설해서는 안 된다!

-염려하지 마십시오. 하인은 그를 안심시킨다. (진짜로 그는 바보다!) 이런 뉴스가! 놀라 자빠지겠군! 기사에게서 벗어나자 그는 마음속으로 덧붙인다.

이제 미란돌리나는 직접적으로 자신의 복수 계획을 실행한다. 여기서부터 이미 행동 발전의 새로운 단계가 시작된다. 앞서 일어난 모든 것들은 결정적인 타격을 가하기 위한 전주곡에 불과했다. 기사는 매력적인 여주인과 즐기기 위해 이미 그녀의 호의를 받을 준비가 다 되었다. 미란돌리나 역시 그에게 섬세한 교태를 부리는 것을 계속하며 기사로 하여금 사랑을 고백하도록 고무시킨다.

미란돌리나와 기사 사이의 투쟁이라는 매우 복잡한 심리적 과정은 일련의 아주 단순한 신체적 행동으로 귀착될 수 있다는 것을 확인시키는 것은 그리 어렵지 않다. 그의 잔을 손에 넣는다, 그 잔에 포도주를 따르도록 만든다, 안주를 권한다, 기사로 하여금 그녀에게 의자를 가져다주도록 만든다, 식탁으로 초대한다 등이 그 예이다.

이때 기사의 행동선을 살펴보면 약간의 저항과 망설임 다음에 그녀에게 자신의 잔을 내어주고 의자를 당겨온다, 하인을 붙잡아 위협을 한다, 미란돌리나를 향한 적극적인 공격을 준비 한다 등이다. 이러한 단순한 신체적 행동의 사슬은 점차 하나의 연속선상으로 합류되고, 배우들은 점점 사건의 실제 느낌 속으로 확고히 들어간다.

배우가 수행한 신체적 행동의 논리는 자연스럽게 발생한 투쟁의 내적, 정서적 의미를 자기 쪽으로 끌고 오도록 한다. 사실 각각의 행동들은 배우들의 살아 있는 생각과 목표(원함)로부터 발생되었고, 그들의 살아 있는 상호관계에서 발견되었으며, 그리고 지문에 의해서뿐만 아니라 배우들 자신의 정서적 기억에 의해 탄생되었다. 그러한 방법으로 어느 날 발견된 신체적 행동이 기계적으로가 아니라 본질적으로 내적 정당성과 파트너의 행동에 대한 정확한 계획에 의해 매번 이행될 수 있다면, 행동은 잉태된 그들의 심리적 복합체, 즉 합당한 생각, 느낌, 욕구 전체를 반사적으로 살아나게끔 한다.

역할 속에서 배우의 반복적인 내적 체험은 최초보다 더 약할 수도 더 강할 수도 있다. 쉐프킨의 말처럼 이것은 배우의 내적 성향에 종속되므로 그 어떤 명확한 규정에 의해 구속되지 않는다. 그러나 견고하게 고정되고, 여러 번 다듬어서 만들어진 신체적 행동의 논리는 모든 경우에 있어서 배우를 진실 되게 연기하도록 보장해 준다. 만약 이때 욕구의 진실이 항상 나타나는 것이 아니라면, 적어도 '느낌의 개연성'(푸쉬킨의 전문용어)이라도 만들어 질 것이다. 이것을 위해 배우의 기술과 유기적 창조의 메소드를 가져올 수 있다.

[8] 말의 작업

모든 관심을 언어적 상호행동에 쏟아야 할 순간이 다가왔다. 작가의 텍스트를 잠시 접어두고 역할에 대한 작업의 일련의 단계들을 거치면서 배우는 점차 절실히 필요해지는 말 쪽으로 다시 돌아온다.

역할의 텍스트에 대한 점차적인 자기화 과정, 작가의 말을 자신의 것으로 변모시키는 과정은 작업의 전 과정을 통해 이루어진다. 제일 처음부터 우리는 희곡에서 사실, 사건, 상황, 행동들을 끄집어내어, 역할 속에서 배우의 행동 논리를 위해 작업함으로써 제시된 언어를 말하기 위한 토양을 만들어왔다.

과연 어떤 순간에 배우는 즉흥 텍스트에서 고정 텍스트로 넘어가야 하는가? 이에 대해 스타니슬랍스키는 다음과 같이 답하고 있다.

> 작가의 말이 배우에게 행동을 위한 불과분의 것이 될 때, 배우가 거짓말을 하지 않고 상상의 역할인 인물로서가 아니라, 1인칭에서 작가의 말을 말할 수 있을 때이다. 배우로 하여금 진실의 느낌으로부터 역할의 말이 자신의 것으로 되기 전까지는 역할의 말을 기계적으로 지껄이는 것을 허용하지 않아야 한다.

배우에게서 발전된 진실의 느낌에 대한 예로 네미로비치-단첸코는

M.P. 릴리나의 작업 경험을 통해 다음과 같이 인용하고 있다.

> 도스토옙스키의 각색 작품 〈삼촌의 꿈〉의 리허설에서 그녀는 카르푸히나의 독백을 눈부시게 말하고나서 결론적인 대사 '안녕히, 마리아 알렉산드로브나……'를 하지 않은 채 돌아서서 무대에서 나가버렸다. 그녀가 그렇게 한 이유를 묻자, 릴리나는 이 말이 아직 체득되지 않았으므로 거짓말을 하고 싶지 않아서 그랬다고 대답하였다.

만약 배우가 자신으로서 진실함을 인지하지 못했다면 첫 번째 리허설에서부터 아무렇게나 말할 것이며, 그로 인해 자신 앞에 놓인 작가의 텍스트를 점차적으로 체득해가는 과정에 있어서도 아무런 문제가 생기지 않을 것이다. 그리하여 이러한 경우 배우는 쉽게 역할의 보고자가 되어버린다. 이러한 실행은 조잡하고 유치한 것은 아니다. 왜냐하면 노련한 배우는 이것을 섬세하고 진실 되게 실행하지만, 그럼에도 불구하고 역할의 보고는 보고로 남을 뿐이다. 이때 진정한 언어적 상호행동은 중지되고 텍스트의 이용, 즉 말의 억양에 있어서 채색이 시작된다.

많은 유명한 배우들이 작가의 텍스트를 단순히 암기하면서 역할에 대한 작업을 시작했으며, 그 결과 빛나는 결과를 달성하였다고 말한다. 지금도 이러한 작업이 실제로 광범위하게 사용되고 있다. 그러나 우리의 목표는 대다수의 극장에서 행하고 있는 것을 긍정하는 것이 아니라, 스타니슬랍스키가 제시한 메소드를 연구하는 것이다.

물론 다양한 방법으로 역할에 접근할 수도 있지만 문제는 텍스트가 단지 문학 작품의 요식이 아니라 새롭고 살아 있는 예술적 건축물이 되기 위해 유기적인 창조적 관점에서 무엇이 더 유용한가 하는 것이다.

대부분의 경우 연습은 다음과 같이 진행된다. 배우들은 텍스트에 의미를 부여하고, 가장 표현적인 억양을 찾아내기 위해 수 백 번 텍스트를 반복해서 읽는다. 하지만 이렇게 접근할 때, 역할의 말은 상투적인 억양이 되기 십상이다. 그리하여 말의 행동, 살아 있는 속대사를 가지고 풍부하게 말을 채우는 것은 거의 불가능 하다.

역할과 처음으로 만나는 배우는 대부분 작가가 생각하고 느낀 것과 똑같이 생각하고 느낄 수가 없다. 작가는 등장인물의 논리, 인물의 정서적 기억, 인물의 내적 시각에 위배되는 자신의 행동 논리, 자신의 정서적 기억, 자신의 삶에 대한 내적 시각이 있다. 예를 들어 차츠키 역할의 현대 배우는 작품에 의한 진정한 적극성과 이미 시대에 뒤떨어진 사회질서 및 농노제의 추악함에 대한 폭로의 정서를 찾기가 쉽지 않다. 저명한 네스토르, 에카테니라 1세 때의 여자 관료, 음탕한 뮤즈의 후원자, 반 문맹의 멘토, 보르도에서 온 프랑스인 등은 차츠키 역의 배우와는 거리가 멀다.

역할에 집중하기 위해 배우는 보다 더 현실적이고 자신이 실제로 내적 체험한 어떤 것에 의존한다. 동시대의 삶에서도 배우는 출세주의, 아부, 관료주의, 위선, 분노에 찬 저항과 신랄한 폭로를 자아내는 과거의 잔재에 대한 태도 등과 충분히 만날 수 있다. 현재의 일상에서 만난 어떤 인물이 등장인물을 연상시킨다면 일상의 인물을 배우의 연구대상이 되도록 허용해보라. 그래서 만일 차츠키 역의 배우가 주인공(차츠키)의 본질에 대한 살아 있는 반향을 발견하기 위해서는 배우 자신과 역할을 가깝게 묶어주는 실제 인물을 자신 속에서 발견해야 한다.

그러나 텍스트를 이용하지 않고 어떻게 차츠키의 첫 번째 독백에 대한 작업을 할 수 있는가? 우선 배우가 무엇을 위해 말하는가 하는 것을 이해하고 느껴야 한다. 만약 차츠키와 가까운 사람들이 그에게 무관심하고 냉담하여 그와의 우호적인 관계가 깨져버렸다면, 차츠키 역의 배우는 이러한 상황에서 무엇을 해야만 하고, 어떻게 처신해야 할까? 아마도 그는 소피야를 비난하기 시작하거나, 그녀를 성가시게 하지 않기 위해 대화의 주제를 가까운 지인이나 모스크바로 바꾸거나, 아니면 과거에 대한 회상을 하였을까? 또는 그녀의 진심에 가닿기 위해 즐거운 농담이나 사랑에 관한 이야기에 열중할 수도 있을까?

위에서 언급한 행동들을 배우로 하여금 자신의 삶으로부터, 그리고 역할의 상황 속에서 자신의 행동을 스스로 결정해 보도록 하라. 또한 그의 행동과 그가 내뱉는 말은 자기 자신뿐만 아니라 소피야의 행동에 의해서도 달라질 수 있을 것이다. 즉 소피야가 차츠키와 만났을 때 그의 요청대로 키스해 주었다면 아마도 독백은 발생되지 않았을 것이며, 또는 만약 그녀가 그와 만나서 기쁘지 않았다면 차츠키는 몹시 화를 내며 떠나버렸을 수도 있다. 비록 역할의 상황 속에서 자신의 행동과 배우간의 살아 있는 상호행동의 진실을 믿는 사람이 적다고 할지라도, 배우로 하여금 자신의 삶에서부터 시작하도록 하라. 그 다음 행동의 순서를 명확히 하고, 배우에게 생각의 진행과정에 대해 주의를 기울이도록 하라.

차츠키 역의 배우는 자신과 소피야를 이어주던 과거에 대한 회상을 시작한다. 하지만 이것이 단지 회상 자체를 위한 것이 아니라 이미 부서진 그녀와의 관계를 복구시키기 위함임을 이해하게 되면, 교육자는 그에게 과거의 무서우면서도 놀려댔던 우스꽝스러운 가정교사나 교사들에 대한 회상을 제시할 수 있다. 이를 위해 학창시절에 대한 개인적인 회상을 선택해보자. 차츠키 역의 배우에게는 그들이 동일인물이지만, 소피야 역의 배우에게는 여러 사람일 수도 있을 것이다. 그러나 이 모든 것은 지어낸 것이 아니라 삶에서 채택한 사실이어야만 한다.

예를 들어, 과거의 어떤 교사는 엄청나게 거드름을 피우지만 학생들 때문에 끊임없이 곤경에 빠졌던 나이 많은 수학 선생님인 이반 이바노비치일 수도 있고, 또는 최신의 헤어스타일을 하였지만 학생들의 장난기 때문에 시련을 당한 젊고 경박한 여교사일 수도 있다. 상대 배우인 여배우에게 흥미롭게 이야기해 주어 자신의 내적 시각에 그녀 또한 동참할 수 있도록 하기 위해 모든 것을 선명하게 기억 속에 복구시키도록 해보자. 이렇게 그가 자신의 과제를 수행했다면, 그리보예도프의 독일인 교사와 실제 이반 이바노비치의 자리를 바꾸는 것과 교태스러운 여교사, 경박한 길보메의 자리에 실제의 젊고 경박한 여교사로 대체하는 것은 그리 어렵지 않을 것이다. 이러할 때 이것은 이미 추상적이고 잘 모르는 사람이 아니라, 작가와 배우에 의해 동시에 형성된 살아 있는 인물로 바뀌게 된다.

행동의 논리를 습득해 감에 따라 배우는 파트너와의 교류를 위해 그에게 필요한 말을 해야 한다. 행동의 명확함과 함께 등장인물의 생각의 흐름 또한 명확해져야 한다. 그리하여 자신의 말을 지속적으로 사용하면서 배우는 보다 더 작가의 생각의 논리에 가까워지게 된다. 행동과 생각의 논리가 견고하게 자기화 되었을 때, 스타니슬랍스키는 역할의 텍스트에 대한 작업으로 옮겨가도록 한다.

그러한 준비가 된 다음에서야 우리는 여러분에게 인쇄된 희곡 텍스트 및 여러분 역할의 텍스트를 돌려 줄 것이다. 여러분은 그 말을 무조건 외우는 일은 거의 없을 것이다…… 여러분은 탐욕스럽게 그 말을 움켜질 것이다. 왜냐하면 여러분 자신의 텍스트보다 작가의 텍스트가 보다 훌륭하게 생각을 표현하고 행동을 수행할 수 있으므로…… 결과적으로 무슨 일이 발생할까? 그것은 바로 남의 말이 여러분 자신의 말이 된다는 것이다. 그것은 강압이 아닌 자연스러운 방법으로 여러분에게 달라붙게 될 것이며, 바로 이런 이유로 가장 중요한 특성인 말의 적극성을 상실하지 않게 된다. 자, 이제 역할에 대해 떠들지 말고, 희곡의 근본적인 목표의 수행을 위해 희곡의 말로 행동해 보자. 바로 그것을 위해 우리에게 작가의 텍스트가 주어졌으니까. (4권, 272-273쪽)

무대화술의 표현력은 행동에 대한 올바른 느낌에만 달려 있는 것은 아니다. 즉 텍스트로 넘어갈 때 새로운 요구사항이 발생한다. 그것은 무엇보다도 먼저 내적 시각의 선명함과 구체성에 대한 관심이다. 만약 장면이 잘 풀리지 않는다면, 바로 우선적으로 그 쪽으로 주의를 보내야 할 필요가 있다.

V.O 토포르코프는 스타니슬랍스키와 함께 몰리에르의 희극 〈따르뛰프〉에 대한 실험적인 계획 속에서 작업할 때를 회상하였다. 그에게는 고통스러우리만큼 1막의 오르공과 도리나의 멋진 장면이 오랫동안 잘 이루어지지 않았다.

시골에서 돌아온 오르공은 도리나에게 자기가 없는 동안 집안에 무슨 사건이 일어났는지 이것저것 캐묻는다. 자신의 아내가 아주 심하게 앓았던 자세한 경위를 듣고, 그는 계속하여 똑같은 질문을 해댄다. '그럼, 따르뛰프는?'
자신의 연인에 대한 가장 기쁜 소식에도 불구하고 그는 불안한 척 하며, 감동의 눈물을 흘리고 매번 '불쌍한 것!'이라고 말한다. 한 장면에 대여섯 번 씩이나.

이와 관련하여 토포르코프는 다음과 같이 기록하였다.

나는 이 장면의 모든 유머와 매력을 가슴 가득히 느낄 수 있었지만 그것을 어떻게 전달할 수가 없었다. 수많은 대안으로 '그럼, 따르뛰프는?', '불쌍한 것!'을 말해 보았지만, 이 구절은 살아 있지 않고 도리나의 독백의 우아한 레이스에 섞여 들지 않으며 허공에 매달려 무겁고 거짓스러운 것이 되었다. 나는 나 자신을 믿을 수 없었고 절망에 빠져들었다……

—그렇다면, 당신을 방해하는 것이 뭡니까? 내가 무력하게 이 장면에 대해 그에게 계속해서 중얼거리자 콘스탄틴 세르게이예비치(스타니슬랍스키)가 물었다.

—뭐가 방해되는지 나도 모르겠지만, 이것이 아무데도 쓸모없는 것이라는 점은 느낄 수 있어요. 재치 있고 우아한 장면이라는 것은 알면서도, 장면을 시작하기만 하면 뭉툭하고 거칠고 재미없어지니까요.

—흠! 내 생각에는 당신이 그것을 보지 않는 것 같군요. 당신은 장면의 내적 측면을 보지 않고 있어요. 당신은 내적 시각을 아내의 침실로, 따르뛰프의 방으로, 즉 도리나가 당신에게 이야기하고 있는 그 장소로 보내야만 합니다. 당신은 그녀의 말을 듣지 않아요. 상대방의 생각을 이해하려고 해보세요. 도리나의 이야기를 들어보세요. '당신의 아내가 병이 났어요.' 들어보세요. 손의, 머리의 제스처는 필요치 않습니다. 바로 그 두 눈—그녀로부터 정보를 캐내려는 당신의 진실한 두 눈이 필요합니다.

—좀 더 자세하게 말해볼게요. 당신은 각 단어마다 휴지를 두고 모든 것을 말하고 있어요. 당신의 모든 것은 혀의 근육에서 이루어지죠. 당신에게는 내적 시각이 없으므로 자신의 침실도 모릅니다. 침실 구석구석을 알아야만 합니다. '당신의 아내가 병이 났어요.' 당신의 생각은 이미 한밤 중 열이 펄펄 끓는 아내가 누워있는 침실에 있어요. 집엔 아무도 잠들지 않았지만 모두가 공연히 안달할 뿐입니다. 이것을 보아야 합니다. 의사를 부르러 보내고, 얼음을 가져오고, 소동, 뛰어다님…… 그런데 바로 그 곳, 침실로 가는 길에 따르뛰프가 신과 소통하는 그의 방에 있습니다. 그가 기도하는데 방해가 됩니다. 이미 아내는 잊었습니다. 세상의 모든 것도 잊었습니다. 곧 알게 됩니다. 따르뛰프에게 무슨 일이 일어나는지.

—'그럼, 따르뛰프는?' 이제 당신은 연습할 필요가 있습니다. 자신의 말

을 어떻게 내뱉을지 생각하지 말고 들으세요. 주의 깊게 도리나의 말을 듣고 생각해 보세요. 그러한 상황 속에서 따르뛰프에게 무슨 일이 생길 수 있을지. '그럼, 타르튀프는?'이라는 우리의 질문에 도리나는 대답합니다. '자고새 두 마리를 먹어치우고 양고기는 아주 조금 남아 있었죠'

—세상에! 사람이 한 밤중에 죽을 만큼 고통을 겪고 있는데, 그에게는 그런 믿을 수 없는 식욕이 생기다니.

—'불쌍한 것!' 당신은 그녀의 말을 듣고 스스로 추측해 보세요. 텍스트에 적혀 있지 않은 것을. 그것의 결과가 바로 텍스트입니다.[10]

내적 시각의 첨예화와 구체화는 배우에게서 억양의 선명함과 다양함을 낳게 하고, 장면의 코믹함을 드러내주는 대화의 긴장을 형성한다. 여기에 언어적 상호행동 및 무대화술에 대한 표현력의 핵심 비밀이 있다.

말의 표현력을 위해서 우리는 다른 측면인 외적 장치도 이미 경험했는데, 이것은 소리, 딕션, 말의 논리 등을 위한 트레이닝 수업에서뿐만 아니라, 에튜드, 장면연극, 희곡 작업 시의 연기 수업이 바로 그것이다. 이를 통해 말의 표현력은 끊임없이 지원되어야하고 완성되어야만 한다.

무대에서 상대방과의 거짓이 아닌 진실로 적극적인 언어적 투쟁이 발생할 때 말은 보다 잘 들리고 억양은 다양해진다. 아울러 반대 관계도 가능하다. 즉 선명하게 표현된 생각, 훌륭한 딕션, 올바르게 찾아낸 억양은 내적 행동을 확고히 하고 첨예화시킨다. 스타니슬랍스키는 말의 딕션, 논리, 리듬, 멜로디에 대단한 관심을 표명하며, 배우와의 작업에서 언어적 표현력을 위하여 이러한 법칙을 광범위하게 이용하였다.

도리나의 독백이 정반대의 내적 시각을 준비한 것이라면, (그녀는 매우 아팠고 먹지도 자지도 못했지만, 따르뛰프처럼 건강하고 두 사람의 몫을

---

10) 토포르코프 B. 『스타니슬랍스키의 공연연습』, 예술, 1950, 154-155쪽.

먹고 수면을 취하였다.) 이야기 속의 억양은 분명 서로에게 정반대되는 것이어야 한다. 일례로, 여배우 벤디나는 불쌍한 여주인에게 동정을, 사기꾼 따르뛰프에게는 경멸에 찬 야유를 표현하기 위해 한 장면에서 다른 장면으로 넘어갈 때 대조적인 리듬, 음조, 다양한 성조를 사용하였다.

억양의 변화는 각각의 새로운 대사들이 이전의 내용을 반박하거나 한 사람의 의견이 다른 사람의 의견에 정반대되는 대화에서 특히 필수적이다. 스타니슬랍스키는 대화란 순서에 따라 말을 하는 것이 아니라, 생각과 함께 억양 또한 충돌하는 언어적 투쟁이라고 강조했다. 그리고 언어적 투쟁이 올바르게 이해되는 행동이나 명확한 내적 시각으로부터 스스로 발생되지 않는다면, 그는 논리적으로 올바른 말의 구성, 말의 법칙에 대한 지식으로부터 시작하는 반대과정으로써 그것을 적용하였다.

그러나 억양의 사용에는 대단한 능력과 조심성이 필요하다. 왜냐하면 억양이 내적으로 준비되지 않을 경우, 형식적인 것이 되어버리기 쉽고, 언어적 상투성을 초래하기 쉽기 때문이다. 이것은 특히 일반적이고 평범하고 일상적인 말과는 거리가 먼 비유적인 시적인 언어를 사용할 경우 더욱 위험하다.

예를 들어, 젊은 배우가 행동의 논리 속에서 어떻게 해야 할지 확신하지도 못한 채 단지 화술의 법칙 하나에만 의거하여 셰익스피어 작품에 등장하는 역할의 텍스트를 습득하려고 애쓴다면, 그들은 나중에 벗어나기 힘든 거짓된 파토스와 낭독으로 끌려갈 수 있다. 일례로, 스타니슬랍스키의 지도하에 만들어진 〈오페라-극작 스튜디오〉에서의 학생작품인 〈로미오와 줄리엣〉을 가져와 보자. 발코니의 이별 장면(3막)에서 로미오와 줄리엣 사이에는 다음과 같은 대사가 이루어진다.

줄리엣

벌써 가시려구요? 동이 트려면 아직 멀었어요.

당신이 두려워하는 귓불을 간지럽힌 저 소리는

종달새가 아니라 나이팅게일이에요.

저 새는 밤마다 석류나무에서 울어대요.

제 말을 믿으세요.

로미오

아니요. 이건 아침을 알리는 종달새였어요.

야멸찬 빛줄기가 저 동녘 하늘 구름자락에다

꽃무늬를 수놓고 있어요. 밤의 촛불도 다 타버렸고.

즐거운 아침이 안개 깔린 산봉우리에서 얼굴을 빠끔히

내밀고 있어요. 여길 떠나 목숨을 부지할 건가, 아니면

그대 품에 묻혀 있다가 죽음을 당할 건가.

신체적 행동의 논리의 관점에서 본다면 이 대화에서는 무슨 일이 발생하였는가? 로미오는 아침이 오려는 첫 번째 징조를 발견하고 경비에게 붙잡히지 않기 위해 떠나려고 서두른다. 연인을 영원히 잃게 될까봐 두려워 줄리엣은 그를 붙잡아 방으로 돌아오게 만들려고 한다. 로미오가 자신의 의견을 고수하자 줄리엣이 맞선다.

줄리엣

저 빛은 아침의 햇살이 아니에요. 태양이 내뿜는 유성이에요.

만투아로 가시는 당신의 길목을 밝혀줄 거예요……

그녀는 그의 모든 논거를 무시하고 머무르기를 간청한다. 더 이상 그

녀에게 대항하지 못하고 미리 알고 있으면서도 목숨을 건 위험을 향해 나아가며 로미오는 항복한다.

로미오
그렇게 되도록 둡시다. 당신의 소원이 그렇다면
난 그것으로 흡족하오. 이 어슴푸레한 빛은
아침의 눈망울이 아니라 달의 여신이 창백한
이마에서 얼비친 빛일게요. 그리고 우리 머리 위
하늘 높이 울려 퍼지는 저 소리도 종달새가 아니라고
해둡시다. 나는 남아있겠소. 죽음아 어서오너라.
난 상관없소. 우리에게는 아직 아침이 아니요.

로미오가 돌아선다. 그 때 위험을 인식한 줄리엣이 길을 막으며 그를 저쪽으로 밀어낸다.

줄리엣
아, 안돼요. 이미 아침이 왔어요……

무엇 때문에 줄리엣은 자신의 행동을 그렇게 갑작스럽게 바꾸었는가? 아마도 그녀는 내적 시각으로 경비가 어떻게 그를 붙잡아 감옥에 쳐 넣고, 어떻게 그를 단두대로 끌고 가는지 등을 보았을 것이다. 이 모든 것을 본 그녀에게 그의 생명을 구하는 것보다 더 우선하는 것은 없다.
그리하여 교육자는 역할을 맡은 배우 스스로 처음부터 운문 텍스트와 관계하지 않도록 하고, 또한 자신을 겁먹게 만드는 것이 무엇인지 판단하고 결정하도록 해야 한다. 그리고 그녀의 '마음의 눈'(내적 시각)에 펼쳐진 것들과 대화의 속대사를 형성하는 모든 것을 말하도록 하고, 말을 발생시키는 여타 행동들을 실행하도록 해 보라.

셰익스피어의 대화는 선명한 율동성을 가지고 있으므로 말없이 신체적 행동만으로도 구현하는 것이 가능하다. 발레 작품으로도 큰 성공을 거둔 것은 그것을 증명하고 있다. 그리하여 작가의 텍스트를 암기하는 것으로부터 작업을 시작하려고 하던 연극 연구자들은 이와 같은 행동의 신체적인 측면으로 관심을 돌리게 되었다.

무대적 사건에 대한 의미를 깊이 이해하면 할수록 행동의 논리는 더 명확해 지고 더 섬세해진다. 분명한 것은, 지금 여기에서 일어나고 있는 일은 연인들의 단순한 헤어짐이 아니라 어쩌면 영원할지도 모르는 서로가 서로 없이는 절대로 살 수 없는 두 사람의 이별이다. 그들의 이별은 피할 수 없는 파국에 대한 예감으로 채색된다. 즉 이것은 단순한 사랑 장면이 아니라, 비극적인 장면이다.

사건에 대한 명확한 평가, 신체적 행동의 올바른 논리에 대한 탐색, 개인의 정서적인 기억에 의해 그것을 정당화하려는 시도는 수많은 생각과 내적 시각을 낳는다. 이에 대해 스타니슬랍스키는 다음과 같이 말한다.

사람은 자기 머릿속에 품은 생각 중 10%만 말하고, 나머지 90%는 말하지 않은 채 남아있다는 점을 생각해 보자. 무대에서는 이 사실을 잊어버리고 밖으로 소리 내어 말해지는 것에만 신경을 씀으로써 삶의 진실을 위배하고 있다. 어떤 장면을 만들 때 여러분은 우선적으로 어떤 대사에 앞서는 모든 생각을 재현해야만 한다. 그것을 말할 필요는 없지만 그것으로서 살아야 할 필요가 있다. 어쩌면 자신과 파트너의 무언의 대사와 생각의 주고받음을 보다 더 잘 체득할 필요가 있다. 그러기 위해 모든 것을 소리 내어 말하며 어느 정도의 시간동안 리허설을 해볼 수 있다.

왜냐하면 말해지지 않는 생각 또한 파트너와 합의되어야하기 때문이다.[11]

이런 식으로 '도해적인 속대사'를 만들게 되면, 파트너를 설득하기 위해 필수적인 내적 시각과 생각을 골라내는 것은 어렵지 않다. 내적 시각과 생각이 배우의 행동의 일관성과 합쳐지게 되면 시적인 형태의 생각의 말로 넘어갈 수 있다. 여기서 내적 시각과 생각은 잘 준비된 토양에 자리를 잡고 역할 속에서 배우의 유기적인 삶에 전적으로 뿌리를 내린다. 이때 작가의 텍스트는 행동과 생각의 본질을 바꾸는 것이 아니라 새로운 정서적 색채를 입혀준다.

예를 들면 '별이 보이지 않게 된다.'라고 하면 이것은 사실의 확정이다. 하지만 '하늘의 양초별이 다 탄다.'고 한다면 이것은 전혀 다른 것이며 이미 시적 형상이다. 사실, 양초가 다 타버렸다는 것은 헤어질 시간이라는 것이며 축제나 예배가 끝났다는 뜻이다. 말로는 '산 너머로 즐거운 하루가 살며시 다가온다.'라고 하지만 이것은 숨어서 연인들을 기다리고 있는 위험, 혹은 다가올 행복에 대한 기대일 수 있다. 물론 다 타버린 양초와 살며시 다가오는 즐거운 하루의 형상은 다른 연상을 낳을 수도 있다.

시적 형상은 여러 가지 의미를 가진다는 특징이 있으므로 항상 정확한 분석을 할 수 있는 것은 아니다. 그러나 시적이며 언어적인 희곡은 행동에 의존하게 될 때에만 실제로 역할을 할 수 있다. 이렇게 접근할 경우, 중요한 것은 자신의 말에서 작가의 말로 넘어가는 순간을 포착하는 것이다. 그렇지 않으면 자신의 말은 그만큼 익숙한 것이 되어 이미 그것으로부터 벗어나기가 힘들어진다.

---

11) 앞의 책, 156쪽.

한편 역할이 작가의 생각을 왜곡시키는 대사 외의 즉흥적인 말(애드립)에 의해 오염되면, 이번에는 올바른 행동의 논리로부터 이탈을 초래하게 되고, 리듬을 깨뜨리고, 결국 내적 체험의 성격 또한 위반한다. 스타니슬랍스키는 이 점에 대단한 관심을 부여했다.

예를 들어, 파무소프와 말찰린의 대화에서 그는 작품의 언어적 형식에 대한 파괴가 무엇을 초래하는지를 보여준다.

> 파무소프: 이런 일이 있을 수가! 말찰린, 너냐?
> 말찰린: 접니다. 나리.
> 파무소프: 여기에는 왜, 이 시간에?

그 다음 약간의 휴지 뒤 카르카진 니콜라예비치는 반복해서 말한다.

> 파무소프: 이런 일이 있을 수가! 말찰린, 너냐?
> 말찰린: 접니다. 나리.
> 파무소프: 여기에는 왜, 이 시간에?
> 카르카진 니콜라예비치가 동일한 구절을 시적인 리듬으로, 혹은 운율도 없는 산문으로 말한다.

의미는 동일하다. 그렇다면 어떤 차이가 있는가? 산문에서는 말이 커지면서 압축성, 분명함, 예리함, 절대성을 상실하지만, 시에서는 모든 말이 필수적인 것이며 여분의 말이 없다. 이에 대해 스타니슬랍스키는 다음과 같이 말한다.

시는 산문과는 다르게 느껴진다. 왜냐하면 시에는 산문과는 다른 형식

이 있기 때문이다. 반대로도 말할 수 있다. 시에는 산문과는 다른 형식
이 있다. 왜냐하면 시의 속텍스트는 다르게 내적 체험되기 때문이다. (3
권, 180, 181쪽)

텍스트에 있어서 리듬이 형성되는 것은 배우의 사고, 생각뿐만 아니라
배우의 내적 체험과 역할 속에서 배우의 행동에 따라 이루어진다. 이것은
단지 무대에서 말하기만 하면 안 된다는 것이며, 시적 리듬을 관찰하고,
작가의 대사로 리듬이 살아나도록 하고, 리듬 속의 휴지를 잃지 않도록
해야 한다. 아울러 휴지를 정당화 시킬 수 있어야 하고, 시가 가지고 있
는 운율을 지키며, 이때 문장의 논리적인 의미와 자연스러운 화법을 훼손
하지 않아야 한다.

예를 들어, 파무소프 대사 중에서 만약 단어의 마지막 음절이 행간의
휴지 없이 발음된다면, ('뭔데, 이렇게 빨리 일으켰어! 그런데? 어떤 이유
로 걱정이야?') 여기서 운율 ('뭔데', '걱정이야')은 사라지게 되고 시는 왜
곡된다. (Что ты, заботы라는 러시아 단어에서 단어의 어간이나 어미
의 악센트에 따라 운율이 형성된다. 이 단어들 또한 의미와 악센트가 같
은 운율을 형성하는 단어이다. 이 문장을 발음할 때 행간의 휴지 없이 발
음 한다면 단어의 의미가 다른 의미로 전달될 수 있다.)

이처럼 휴지를 통해 시적 리듬을 지켜야하는 것은 필수적이며, 이 휴
지는 사건을 형성한다. 예를 들어 보자. 아래 리자의 첫 번째 대화에서
괄호 안의 휴지는 스타니슬랍스키가 해석한 것이다.

리자
……들리니, 이해하고 싶지 않아,
그래서 그들을 데려가 당신은 무엇이 되고 싶죠?

(휴지. 시계를 보고 생각한다)

시간 낭비, 알고 싶어, 계속 추궁할거야.

그들이 놀도록 내버려두진 않겠어.

(휴지. 리자는 시계 뚜껑을 열고, 태엽을 감고, 또는 버튼을 누르고, 시계를 조작한다. 리자는 춤을 추듯 다리를 움직인다. 파무소프가 들어온다.)

리자

이런! 나으리!

파무소프

그래, 나으리다.

(휴지. 파무소프는 시계로 향하고, 뚜껑을 열고, 버튼을 누르고, 시계 종소리를 멈춘다.) 이런 말괄량이 계집, 너 때문에. 생각할 수는 없는 거니, 정말 불행이다!

이에 대해 스타니슬랍스키는 다음과 같이 적고 있다.

어떻습니까? 이 시는 필수적으로 매우 긴 휴지를 형성하고 있고, 이 휴지는 행동이 되어야 합니다. 시를 낭독할 때 휴지는 행동으로 유지하기가 어려우며, 운율을 지키는 것 또한 복잡하게 됩니다. 단어 '경주'와 '소녀' 사이 또는 '네'와 '불행' (이것은 러시아어로 단어의 어미가 똑같이 끝나는 경우이다.) 사이의 과도하게 긴 휴지는 운율이 상실될 수 있습니다. 한편 과도하게 짧은 휴지, 즉 서두르는 것과 잘못된 행동은 진정한 행동을 위한 진실과 믿음을 방해합니다. 창조 작업에서의 서두름……서두름은 서브텍스트, 내적 체험을 그르치며, 또한 내면과 외면의 템포-리듬도 뭉개버릴 수 있습니다…… 그리하여 안정적이며 서두르지 않는 휴지의 화법, 꽉 채워진 행동은 내면이 멈추지 않고 계속되며, 진실된

감각과 리듬을 느끼고 지켜야 합니다. (3권, 183-184쪽)

이처럼 스타니슬랍스키는 음악적인 화술을 유지하고, 그 화술의 리듬적인 구성을 제시하고 있다. 배우는 마치 작곡가처럼 소설의 텍스트를 발전시켜 나가며 박자와 휴지를 설정하고 읊어야 한다. 이것은 시적인 낭독과 다르며 산문에서의 텍스트 리듬 구조와 관계있다. 그래서 스타니슬랍스키는 시를 창조하는 작업과 같이 산문 텍스트에도 부호를 작성해야 한다고 말하는데, 예를 들어 반드시 악센트의 리듬을 사용하여 충분치 않은 것을 보강해야 함이 그것이다.

『검찰관』에서 첫 번째 문단을 예로 들어 보자.

나는 여러분을 초대했습니다, 여러분 / ∪ /
어떤 소식을 / ∪ ⊥ /
여러분에게 알리기 위해 / ∪ /
유쾌하지 않은 소식 / ⊥ /
우리에게 검찰관이 옵니다. / ∪ ⊥ /

리듬적인 구성이 있는 텍스트는 배우를 도울 수 있다.

첫 번째 말의 박자에서 다른 말의 박자로의 이동은 전혀 다른 속도와 크기를 포함하고 있으며‥‥ 이러한 전환은 스스로의 정확한 대상과 관계에서 새로운 템포와 리듬을 결정하고, 극장에 있는 관객을 위해 필요하다. (3권, 179쪽)

다시 말해 리듬은 리듬 자체를 목적으로 필요한 것이 아니라 관객과 파트너에게 더 적극적인 작용을 목적으로 필요한 것이다.

리듬이 있는 말, 이것은 시를 창조하는 것과 같다. 그리하여 산문적 표현은 정확한 사고와 분명한 행동의 계획과 구현이 요구된다. 만약 자신의 생각이 정리되지 못했다면 행동이 계획되지 않은 것이며, 그리하여 말은 뒤엉키고 불명확하게 될 것이다. 전자와 후자는 상호관계하며 직접적으로 연관되어있다. 따라서 작가의 텍스트는 리듬의 형성으로 전달되어야 하고, 논리적인 사고를 통해 논리적인 행동을 찾아야 하는 것이다.

또한 작가의 텍스트를 가지고 작업을 할 때, 시대와 사회 환경, 그리고 등장인물 고유의 발음 특성을 연구해야 할 경우가 많다. 이는 고대 모스크바 언어사에서 기념비적인 그리보예도프의 희곡에도 적용된다. '말의 구축' 장(章)에서는 여러 세대의 대표자들이 동일한 말을 다양하게 발음하고 있으며, 서로 다른 말의 표현들을 사용하고 있음을 보여준다. 또한 등장인물들 각자는 자신의 고유 언어로 말한다. 일례로, 노파 홀료스토바는 '차이(чай)'(당연히 그렇게 되어야 한다는 의미)와 같은 서민적인 표현을 사용하고, 소피야를 '지묘'라고 부르지만 차츠키의 어휘에서는 찾아볼 수 없는 말이다.

등장인물의 말에는 사회적, 직업적 특성의 요소들도 있다. 말찰린은 말의 끝에 '야-쓰', '쓰 브마가미-쓰', '뽀-쁘레쥐네무쓰', '드바-쓰' 등과 같이 정중함을 표현하는 '-쓰' 를 붙인다. 스칼라주프는 자신의 말에 '지스따찌야', '이리따찌야'와 같은 전문용어를 삽입하며 군대식으로 거칠게 말한다. 소피야에게는 '빛과 우울함, 왜 이리 밤은 빨리 가는지.' 또는 '행복한 사람들은 시계를 보지 않는다.'와 같은 감상적인 경부가 특징적이다. 리자의 말에는 '빠꾸도바', '빠달레이', '뿌쉐', '차이'와 같은 여자의 서민적인 표현과 '아, 저주받을 큐피트', '희망도 재미도 없구나.' 등과 같은 모스크바 하녀의 어휘가 복잡하게 섞여 있다. 이처럼 그리보예도프의 언어는 등장 인물의 성격묘사 및 시대에 따른 전형적이면서도 동시에 개인적인 특성을 유감없이 보여주고 있다.

속대사의 심화, 내적 시각의 구체화, 생각의 논리 및 발음 특징의 명시, 딕션, 화성법, 말의 리듬에 대한 트레이닝 등과 관련된 역할의 텍스트에 대한 작업은 학교에서 매우 꼼꼼하게 진행되어야 하며 특별한 작업을 필요로 하게 된다. 모든 주의를 말로 돌리기 위해 스타니슬랍스키는 모든 동작과 몸짓을 없애고 전적인 근육의 평안함을 유지해 볼 것을 제안했다. 그리하여 이러한 조건 속에서 신체적 행동의 논리에 이르기까지 만들어진 모든 것은 언어적 행동으로 구현된다.

[9] 제시된 상황의 심화

신체적 및 언어적 행동의 논리 습득은 배우로 하여금 보다 깊이 인물 형상의 정신적인 삶속으로 파고 들어가 희곡의 제시된 상황을 명확히 하고 심화시킬 것을 요구한다. 그리하여 이제 작가의 시대를 이해하고, 작품 속 작가 스타일의 독특함으로 기인한 새로운 과제가 발생한다.

훌륭한 작품들은 그 시대의 특정한 사회 제도, 관습 및 언어 등을 직접적으로 반영하고 있다. 희곡 속에 반영된 시대에 대한 연구를 무시한다면 『지혜의 슬픔』을 결코 올바르게 평가할 수 없을 것이다. 또한 작가 자신의 인물됨, 사회-정치적 시각, 문화에 대한 관심을 가지지 않는다면 결국 작품을 온전하게 이해할 수 없는 것과 마찬가지이고, 그리고 운문 형식의 언어로 쓰인 작품의 장르적, 문체적 특성을 무시한다면 이는 작품의 특징적인 울림과 형상을 포착할 수 없게 될 것이다.

『지혜의 슬픔』과 같은 고전 작품에는 시대, 민족, 사회 환경의 고유한 것들이 많이 내포되어 있다. 이것은 반동과 혁명사상, 진보와 보수, 원칙과 무원칙, 지혜와 어리석음의 투쟁이고, 또한 세대 간의 투쟁과 저속함, 출세주의, 거짓, 아첨, 교활 등에 대한 조소 등과 같은 것들이다. 이러한 전 인류적인 갈등, 욕망, 장점, 단점 등은 현대인에게도 잘 알려진 것들이다.

그 밖에 그리보예도프 희곡의 주인공들 행동에는 시간, 장소, 사회 환경, 삶에 대한 작가의 내적 시각의 특성에 의해 결정된 무언가가 있다. 이 '무언가'는 행동의 본질을 변화시키지 않지만, 해당 희곡에만 독특한, 그리고 다른 사람들과는 달리 등장인물들에게만 제시된 특징적이고 반복되지 않는 색채를 더해준다.

희곡의 개성 없고 보기 흉한 구현은 대부분의 경우 배우가 제시된 상황 속에서 자신의 무대적 행동에만 만족하여 행동의 성격을 정의하는 보다 깊은 상황의 이해에까지 이르지 않는 경우로부터 발생한다. 이에 대해 F. 엥겔스는 라살리의 비극 『프란츠 폰 지킨첸』에 대한 언급에서 '인물됨은 그 인물이 무엇을 했는가에 대해서만 아니라 어떻게 했는가에 대해서도 특징지을 수 있다'[12]라고 말한 바 있다. 사실 극장에서 우리가 관심을 가지는 것은 등장인물의 행동뿐만 아니라 그들이 어떻게 존재했으며, 작가와 공연 제작자들이 그들과 어떻게 관계하는지이다.

행동에 대한 분석 및 투쟁의 논리에 대한 제시는 우리가 희곡의 다양한 방면-희곡의 사실, 사건, 등장인물의 상황을 정당화해 주는 그들의 행동-에 대한 연구를 하는데 이미 도움이 되고 있다. 이제 우리는 보다

---

12) 『예술에 관한 마르크스와 엥겔스』, 1권, 예술, 1957, 29쪽.

섬세하고 복잡한 상황, 즉 최상층 아래에 감추어진 것을 연구해야만 한다. 여기에는 역사적, 사회적, 관습적, 민족적, 지리적, 직업적, 연령적, 미학적 (스타일, 장르, 언어 등) 측면에 놓여 있는 상황이 해당된다.

사건 및 행동에 대한 첫 번째 연구 시, 위의 상황들 중 많은 것이 어둠 속에 묻혀있으므로 이것들과 역할 속 배우의 행동과의 직접적인 관계는 아직 선명하지 못하다. 예를 들어, 차츠키 역의 배우에게는 소중한 사랑에 빠진 자의 행동 논리를 습득하는 것이 중요하다. 이 시점에서 그는 아직까지 자신의 주인공에 대한 사회적 위치, 사회-정치적 시각 및 취향을 세심하게 연구할 필요성을 느끼지 못하고, 또한 아직까지는 어디서, 언제 -모스크바에서 또는 페테르에서, 1825년 데카브리스트 사건 이전 또는 이후-소피야와 만나게 되는가에 대해서는 무관심하다. 그러나 사랑에 빠진 자의 행동 논리를 습득하게 되면, 소피야를 얻기 위한 투쟁은 차츠키가 증오하는 관습에 의해 형성되었으며, 그리고 그것은 그들을 갈라놓는 상황에 대한 투쟁이며, 아울러 그가 이미 양보할 수 없는 선구적 사상을 위한 투쟁가라는 사실에 조만간 다다를 것이다.

이제 차츠키의 인물형상에 대한 작업을 완성하고 나면 그에게 특징적인 외적 풍모를 제공하기 위해 배우에게는 그 당시의 역사, 관습, 유행, 미학적, 문학적 취향 등과 같은 지극히 다양한 정보가 필요하다. 이처럼 작업 초기에는 행동의 완성을 위해서 3차적이며 필수적이지 않았던 것처럼 보였던 상황들이 이제는 행동에 아주 본질적인 영향을 미치게 됨을 알게 된다.

『지혜의 슬픔』에는 1920년대 초반의 시대가 선명하게 반영되어 있다. 등장인물의 말과 행동에서 구시대적 기반의 몰락과 새로운 자유혁명 사상의 태동, 징후를 쉽게 찾을 수 있다. 그리고 희곡에는 수많은 역사적 사실과 현상의 반향 등을 찾을 수 있다. 구세대는 감동에 젖어 '지나간 세기', 에카테리나 시대의 가부장적 세기를 회상한다. 프랑스 혁명 전의 두려움을 겪은 늙은 공작부인에게는 자신만의 역사적 영상이 일어난다. 차츠키는 한 마디로 '자코뱅 당원'이다. 그러나 파무소프에게 차츠키는 '탄소단원'(19세기 초 이탈리아 독립운동의 비밀결사)이며, 또한 그에게 있어서 모스크바 화재와 나폴레옹의 축출에 대한 기억이 마치 엊그제 일 같다. 조국 전쟁의 진정한 영웅인 군대는 아직도 여전히 유행이며, 따라서 스칼라주프 대령은 파무소프의 관점에서는 최고로 부러운 신랑감이다.

또한 소피야가 열중하며 읽는 당시 유행의 프랑스 소설과 같은 감상주의의 영향은 다른 유행을 만들었다. 비천하고 고통을 겪는 남자는 낭만적인 기분에 사로잡힌 아가씨들의 새로운 영웅이 되었고, 바로 그런 이유로 소피야 또한 말찰린을 미천한 출세주의자로 보기를 원했던 것이다.

한편 이 시기에는 예를 들어, 차가예프같은 미래의 혁명 민주주의 선구자이자 시대의 진정한 영웅이 사회생활의 무대로 진출하게 되었다. 그리하여 농노제의 모든 결함에 대한 그들의 비타협성과 러시아의 혁명적 갱신에 대한 열정적인 열의는 그들이 출발한 바로 그 사회와의 단절을 초래하였다. 이들과는 정 반대되는 레페틸로프 유형의 자유주의적 허풍선이들은 이러한 사회와 매우 사이가 좋았다.

이렇듯 그리보예도프의 희곡에 구현된 역사적 진실은 배우들로 하여금 살아 있는 상호행동의 과정에서 자신들 속에 이미 느꼈던 감정의 진실을 확고히 하고 고무시켜준다. 희곡의 역사적 측면에 대한 연구 덕택에 주인공의 개인적 운명은 개인적인 의미뿐만 아니라, 희곡의 공연 시 결코 말해지지 않을 수 없는 커다란 사회적 의미 또한 획득하도록 한다.

물론 희곡에 대한 작업은 극작가의 창작으로부터 특정한 역사적 시대에 반영된 학문적인 연구로 변모되어서는 결코 안 된다. 이것은 역사학자의 과제이지 배우의 과제가 아니기 때문이다. 스타니슬랍스키의 말처럼, 인간 정신의 삶과 욕망의 진실을 발견하고 드러내주는 장소, 시간, 관습의 상황들만이 우리를 흥미롭게 만들 수 있다.

그러나 경험에서 보아왔듯이, 희곡의 연구와 관련된 특별한 어떤 정보, 사실, 인상 등이 배우의 마음을 끌어 그의 상상에 새로운 영양분을 제공하고, 예상 밖의 연상을 불러일으킬 수 있는지 미리 추측하기란 쉽지 않다. 예를 들어, 그리보예도프의 비극적 운명에 대한 지식은 차츠키의 낭만적 형상을 이해하는데 일정한 흔적을 남길 수도 있다.

또한 박물관에 전시된 뼈로 만든 부채, 낙관이 찍힌 담뱃갑, 오래된 독립가옥 천장의 나폴레옹 1세 때의 건축문양 등과 같은 시대의 전형적인 물건들이 시대의 정신들을 느낄 수 있도록 도와주고, 형상의 외적인 특징묘사를 포착하게 해주고, 이를 통해 인물형상의 내적 세계로 뚫고 들어갈 수 있도록 도와준다.

그리하여 스타니슬랍스키는 제시된 상황의 심화와 구체화에 따른 작업의 실제적인 방법을 구축했다. 배우는 텍스트의 파무소프 집을 통해 삶, 풍속, 세간, 등장인물의 외모, 특징적인 세부사항에 관계된 모든 것에 대한 요약본을 만든다. 아마도 『지혜의 슬픔』의 대사 모두가 그 당시 관습의 특징에 대해 우리에게 말하고 있는 것 같다.

일례로, 지방제 양초를 켜고 밤을 보내던 러시아 선조들은 새벽에 일어나 창의 덧문을 열었을 것이고, 집안의 저녁모임을 위한 프로그램을 준비하면서 음악을 연주했을 것이며, ('나는 5년 전에 했던 것처럼 플롯의 단조 듀엣을 만들어……') 프랑스 소설에 열중하고, 방안 시계의 따르릉 소리를 음악 소리로 맞춰놓고, 그리고 충실한 하녀의 도움으로 부모님을 교묘하게 속여 넘겼을 것이다. 남자들은 영국 클럽에서 카드놀이를 하며 샴페인을 마시고 정치에 대해 이야기 했을 것이고, 여자들은 유행의 프랑스 상점에서 혹은 쿠즈네츠키 다리에 있는 책방과 비스켓 가게에서 시간을 보냈을 것이다. 사교계의 의무가 적혀있는 '달력'이 나왔고 거기에서 다양한 정보가 입수되었다. 마차에 탄 흑인은 모섹을 마차에 실어 무도회로 데려오고, 하인과 마부는 주인들이 무도회에서 소문을 퍼뜨리고 춤을 추는 동안 수위실에서 잠을 자고 등이다.

희곡에서뿐만 아니라 그 시대의 기타 자료와 문서를 통해 당시의 세태 풍속 상황은 사람들의 심리와 행동에 특별한 흔적을 남긴다. 스타니슬랍스키의 필사본 중 하나에는 희곡 속의 세태와 풍속에 대한 그의 집요한 관심을 증명해 주는 흥미롭고도 간략한 기록이 있다.

1. 말찰린과 소피야의 미래, 이것은 어떤 현상인가? 어디서 왔는가? 프랑스 교육이나 소설의 영향인가? 감상주의, 괴로움, 아가씨의 부드러움, 순수함과 더불어 비도덕.
2. 리자는 소피야를 위해 망을 본다. 그녀에게 닥쳐올 위험성을 이해한다. 리자의 충실성을 알 수 있다. 사실이지 그녀를 시베리아로 유형을 보내거나 외양간으로 보내 버릴 수 있다.
3. 늙은 파무소프가 리자 뒤를 쫓아다니면서도 금욕주의인 척 한다. 그 당시 위선자의 형상.
4. 마리아 알렉세예브나 공작부인 때문에 기울어지는 혼인에 대한 파무소프의 두려움.
5. 마리아 알렉세예브나의 의미―가문에서 최연장자. 그녀의 비난에 대한 두려움. 명예로운 이름, 위선, 심지어는 자리까지도 상실할 가능성.
6. 말찰린과의 혼인이 성사되면 비웃을 것이다.
7. 외국으로부터 차츠키의 귀향. 그 당시 외국에서 역마차를 타고 돌아

왔다는 것은 무슨 의미인가? (4권, 82쪽)

또한 시대에 대한 연구 시, 스타니슬랍스키는 과거의 기념물에 대해 알아볼 것을 권장한다. 그는 『지혜의 슬픔』에 대해 말하며, 유명한 슬라브주의자 시인 A.S. 호먀코프의 생가(콤포지토르스카야 거리), 레몬티예프의 생가(슈세프 거리) 등과 같은 오래된 모스크바의 집과 저택에 대해 말하고, 모스크바의 근교의 대저택인 오스탄키노와 아르한겔스코예 등을 언급하였다. 그는 건축의 특성에 주의를 기울이며 다음과 같이 말한다.

> 방의 위치를 이해해야 한다. 큰 정문 현관은 거주하는 작은 방들로부터 떨어져있다. 정문 현관은 춥고 난방을 하지 않았지만, 거주하는 방은 따뜻하고 천장이 낮다. 바닥과 층의 서로 다른 높이, 즉 2층 창의 홀 하나에 거주하는 방 2개 층과, 좁은 통로, 회랑, 창고 등으로 이루어져있다. 통풍구가 없는 창문.(온기와 장작의 절약을 위해) 호먀코프의 흡연실, 다량의 대형 파이프. 여기에서 신학적 논쟁과 토론이 발생하였다. 그들의 담배 연기로 가득찬 방, 좁은 통로에 있는 사람들 무리를 상상해 보라. (4권, 487쪽)

스타니슬랍스키는 가구, 아름답게 주름 잡힌 청동세공품, 커튼, 가재도구와 장식품 등에 대해서도 알아보고, 그것들의 배치 또한 살피면서 '집들을 둘러보는 것만으로는 부족하다. 그 속에서 자신을 느껴보고, 그 속에서 진짜인 것처럼 살아보고, 그것을 느껴야 한다.'라고 말했다.

등장인물의 삶에 대한 생활과 관습을 연구하기 위해 〈예술극장〉은 자주 견학을 갔다. 〈표트로이오아노비치 황제〉 공연 시에는 중기 러시아의 고대 도시로, 〈스네브로치카〉 공연 시에는 러시아의 북부지방으로, 〈어둠의 힘〉 공연 시에는 툴라와 아뇨르 마을로, 그리고 〈줄리어스 시저〉 공연 시에는 로마로 견학을 갔다.

후에 공연을 위하여 생활-관습적 측면에 대한 〈예술극장〉의 대단한 몰두에 대해 평가할 때, 스타니슬랍스키와 단첸코는 인간정신의 삶에 영향을 미치는 생활-관습에 대한 연구의 크나큰 이로움을 단 한 번도 부정적으로 평가하지 않았다. 사람의 인식이 사회적 생활양식에 의해 결정된다면, 배우는 역할의 삶의 모든 측면을 연구할 필요가 있다. 왜냐하면 이것은 사실적인 예술의 가장 중요한 요구사항 중 하나이기 때문이다.

희곡의 삶의 다른 측면, 예를 들면 민족적-지리적 측면 또한 역사적-관습적 측면에 합류된다. 러시아 배우, 특히 모스크바에 거주하는 러시아 배우에게는 『지혜의 슬픔』에 등장하는 민족적인 특성을 연구하는 것이 그리 힘들지 않을 것이다. 그러나 우리가 낯선 생활방식과 민족적 특성을 가지고 있는 그리 알려지지 않은 나라에서 행위가 일어나는 외국 작가의 작품을 접할 때는 완전히 다른 문제다.

앞 장에서 본 바와 같이 골도니의 희곡 『여관집 여주인』에서 우리는 장소와 시간의 상황에 대해 주의를 기울이지 않았고, 또한 등장인물의 사회적, 민족적, 개인적 특성도 고려하지 않았다. 그리하여 우리가 만든 무대적 사건은 아직까지 진정한 삶의 구체성과 역사적 구체성을 획득하지 못했으며, 예술적으로 보편화된 의미를 얻지 못했다.

행위가 봉건적이고 계급적인 존재와 함께 부르주아 도덕법이 이미 효력을 발휘하고 있는 18세기 중반에 일어났다는 것에 관심을 기울였다면, 희곡의 삶 속에서 사치와 우아함을 향한 갈망은 상호관계 속에서 계산주의, 냉소주의와 함께 결합되었을 것이다. 이러한 역사적 상황에서 희곡의 중심 사건은 오늘날 발생하는 것과는 비교가 안 될 정도로 더 첨예화하고 굴곡이 있게 되었을 것이다.

또한 등장인물은 이탈리아인이다. 기사는 토스카나에서, 백작은 나폴리에서 온 사람이다. 지금조차도 토스카나 사람과 나폴리 사람은 외모, 기질, 관습, 말에 있어서 차이가 있는데, 하물며 18세기에 이 둘은 사실상 다른 나라였다. 일례로, 가짜 남작 부인 오르텐시아가 팔레르모 출신이라는 것을 안 파브리치오는 '아니, 시실리아인이라고!─뜨거운 피!'라고 말한다.

우리가 이탈리아인 민족성의 모든 측면에 대해 상세하게 검토하기는 어렵지만, 이것은 생활·관습적 색채를 위한 것뿐만 아니라 등장인물의 개인적 특성, 그들 기질의 질적인 면을 평가하기 위해서는 중요한 것임에 틀림없다. 예를 들어, 이탈리아 인과 만날 때 우리는 그들의 행동 방식, 격정적임, 제스처 등에서 다른 나라의 사람들과는 어떤 차이점을 포착할 수 있다. 그들은 북쪽 사람들과는 기질적으로 차이가 나는 반응의 경쾌함과 신속함, 흥분하기 쉬운 기질이 있다.

그리하여 『여관집 여주인』의 경우, 우리는 욕망과 사건의 발전을 향한 맹렬함에 주의를 기울여야 한다. 물론 유사한 사건이 북쪽 어딘 가에서 발생할 수 있지만 그것은 분명 다른 리듬, 다른 정서적인 불꽃 속에서 발생될 것이며, 골도니의 희곡에서처럼 순박하고 직접적이지는 않을 것이다.

한편 희곡을 무대적으로 해석할 때 본질적이거나 필수적이지 않은 것처럼 보이는 시간과 장소의 상황이 있을 수도 있다. 예를 들어, 『여관집 여주인』의 행위 장소는 플로렌스이고, 행위의 시간은 기사가 받은 편지로 판단해 볼 때 1월경이다. 그러나 이 작품의 많은 공연에서 보면, 장소는 베네치아이고, 시간은 여름이며, 그로 인해 행위는 방에서 거리로, 베란

다와 빨래가 있는 집안의 마당으로 달려 나간다.

이러한 무대적 결정에 대하여 불만스러워하지 말고 능력 있는 극작가에게는 이 모든 것이 놀랄 만큼 논리적이고 근거 있는 것이라는 사실만은 알아두자. 예를 들면 플로렌스, 이 도시는 이탈리아의 지리적 교차점이다. 우리는 미란돌리나의 여관에서 이탈리아의 다양한 변두리로부터 여기로 왔다가 다시 다양한 방법으로 흩어지는 하숙인들을 볼 수 있다. 기사는 리보르노로 가는 길, 즉 서쪽으로 간다. 피사에서 온 여배우들은 로마와 팔레르모로 가는 길, 즉 북에서 남으로 간다.

또한 희곡에는 말을 주문할 수 있는 우편력과 해상수송(여배우들은 짐배를 타고 왔다.)에 대한 언급도 나온다. 베니스 또한 해상도시이지만 이탈리아의 동쪽 변두리이고 플로렌스만큼 경유 지점은 아니다. 핵심은, 미란돌리나는 기질상 결코 베니스인이 아니므로 이탈리아 어느 지방에서 다른 지방으로 마음대로 그녀를 이동시켜 작가의 구상에 손실을 가해서는 안 된다는 것이다. 볼로그와 태생을 폴타바 태생으로, 또는 『지혜의 슬픔』의 행위를 모스크바에서 키예프로 옮기는 것도 마찬가지이다. 비록 이탈리아인은 이러한 지리적 변동을 눈치 채지 못한다 하더라도 말이다.

이제 우리가 선택한 기사의 식사장면이 골도니가 구상한 여관방이 아니라 베란다에서 일어난 일이라고 가정해 보자. 이로 인해 예민함이나 자극적인 느낌이 더 강해졌는가, 아니면 오히려 더 약해졌는가? 분명한 것은, 골도니가 모든 등장인물을 방안에 집어넣을 수 있는 이탈리아의 겨울을 시간적 배경으로 선택한 것은 우연이 아니라는 사실이다. 그리하여 공연 제작자는 이탈리아에 대한 이러한 행위의 배경을 작가의 구상과 관련하여 잘 알고 있어야 한다는 것이다.

무대에서의 결정은 결코 한 가지로 규정지을 수 없다. 일례로, 현대 의상으로 셰익스피어의 작품을 만들 경우 여기에는 나름대로의 예술적 논리가 있을 것이다. 그리하여 그런 경우라 할지라도 줄거리만 바꾸어서 희곡에 대한 연구 작업이 다 된 것이라고 생각해서는 절대 안 된다.

등장인물에 대한 삶의 복잡성과 다양성을 통찰할 수 있는 능력은 학교 작업에 있어서 특별한 의미를 가진다. 학교의 목표는 미래의 배우로 하여금 차후 필요로 하는 희곡 분석 및 무대 구현을 위한 가능한 모든 방법을 습득할 수 있도록 도와주는 것이어야 한다. 그래서 학생의 공연 때, 실제적인 필요성에 의해 요구된 것에만 한정되어서는 안 된다.

역할 작업 시, 문학 작품의 장르 및 문체적 특성은 배우의 무대적 행동의 성격에 영향을 미치는 가장 섬세한 제시된 상황에 의해 좌우된다. 이미 말한 것처럼 작품 및 작품의 주인공에 대한 이해와 구현은 작가의 표현 방식과 문학적 형식, 희곡에 저술된 언어의 특성 등 여러 가지 측면에 의해 좌우된다.

예를 들어 『지혜의 슬픔』이 운문이 아니라 산문으로 그리고 현대의 우리의 언어로 쓰여 졌다고 생각해보자. 동일한 사건과 행위가 유지된다 하더라도 그것은 분명 우리에게 다른 내적 시각, 연상, 느낌을 불러일으키는 다른 희곡이 되었을 것이다. 그러나 문체에 대한 이해는 작품의 언어적 형태에 의해서만 해결되지 않는다. 이에 대해 네미로비치-단첸코는 작가의 문체를 등장인물의 삶, 작품에 묘사된 사건에 대한 문제와 연결 지으면서 다음과 같이 말한다.

오스트롭스키에게 있어서 이러한 관계는 장중하면서 온화하고, 그의 현명한 두 눈은 고요하게 삶을 바라보며 인간 형상의 깊은 곳을 꿰뚫어 본다.

투르게네프에게 있어서는 정반대다. 투르게네프와 오스트롭스키의 여성들은 같은 시대에 살고 있지만 마치 그들은 두 개의 다른 혹성에 또는 서로가 수백 년 떨어진 시대에 살고 있는 것 같다. 사실, 그들은 동일한 러시아의 환경 속에 살고 있는 동일한 세대이다…… 고골의 유형은 호머 스타일의 작품 형성을 요구한다. 어미에 있어서 호머적인 거대함과 형상의 과장을 내포하고 있다.13)

삶, 희곡에 나타난 사건, 인물에 대한 작가의 시각은 표현의 스타일을 이해하는 열쇠이다. 우리의 예술에 있어서 스타일이란 추상적이고 미학적인 범주가 아니라, 역할 속의 배우의 전망, 예술가로서 자신을 표현해내는 배우의 태도와 관계된 이해이다.

예를 들면 보드빌에서도 배우로 하여금 진정한 내적 체험과 진짜 눈물을 흘리게끔 만드는 비극적 상황이 가능하다. 그리하여 배우 속에 숨은 예술가는 희극적 상황을 탐닉하며, 그가 표현한 인물은 결말을 향해 명확하게 나아간다. 또한 배우와 형상과의 상호관계는 무대행동의 성격에 영향을 미친다. 그러므로 보드빌의 등장인물은 가장 비극적인 상황에서도 웃고 어리석게 보일 수도 있다.

배우의 연기 스타일은 형상에 대한 자신의 태도뿐만 아니라 형상과 외적 환경의 관계에 의해서도 결정된다. 예를 들어, 체홉의 주인공은 주위 환경과 분리해서 생각하기 어렵다. 난로에 불을 지피는 것, 쌓아올린 여행가방, 산책, 차 마시기, 당구놀이 등과 같은 하루의 일상적인 행동, 그들을 둘러싸고 있는 중부 러시아의 풍경과 빛, 소리, 소음들로 가득 찬 대저택과 인테리어, 그리고 밖으로부터 발생한 모든 것 등이 체홉의 주인공의 정신세계에 영향을 미친다.

셰익스피어의 주인공들도 강력한 욕망과 고유의 개인적 자질을 가진

---

13) 네미로비치-단첸코, 『논고, 말, 대화, 편지』, 1권, 225쪽.

인간으로 우리는 받아들인다. 그러나 예를 들어, 3막에서 올리브 나무와 항구의 배가 있는 키프로스의 풍경을 배경으로 아침을 먹고 있는 오델로를 보게 되면, 관객들은 어느 정도 어색함조차 느끼게 된다. 이 경우에는 배경의 세세함이 셰익스피어 비극의 핵심을 받아들이는데 방해가 된 것이다. 여기서 예술적인 보편성의 수준이라는 것은 어느 정도 중립적인 배경속의 조각품으로써 받아들일 수 있는 정도라는 것이다.

희곡을 다양하게 해석할 수도 있다. 그러나 모든 경우에 작가의 눈으로 보고, 표현된 삶에 대한 작가의 태도를 이해할 수 있는 능력이 중요하다. 그리하여 작품의 스타일과 그것의 실행에 있어서 특별한 성격이 어떻게 형성되는지에 대해 특정의 규칙과 권장 사항을 만들어서는 안 된다. 이러한 문제점을 해결하는데 있어서 중요한 역할을 하는 것은 바로 예술가의 직감인데, 그러나 예술가의 직감에 대한 결정은 작가 스타일 및 표현되는 시대의 스타일에 대한 인식을 거쳐야 한다.

한편 시대의 정신을 이해하는데 있어서 작품 속에 나타난 당시의 문학 작품, 음악, 미술과 접하게 됨으로써 많은 것을 얻을 수 있다. 예를 들어, 당시의 유명한 화가의 그림을 살펴보면서 배우가 삶의 분위기로 충만되고, 그 속에서 생각하고 행위 함으로써 자신 및 자신의 무대 파트너를 특징적인 인테리어와 풍경 속으로 이끌 수 있다. 이때 배우는 익숙한 리허설 무대장치를 변형시킬 필요성을 느끼고, 그것을 자신의 상상 속에 그려진 것으로 맞추게 된다. 그렇다면 무대장치와 표현력을 풍부하게 하는 미장센에 대한 탐색에 관심을 기울일 필요가 있다.

[10] 미장센 구축

2학년 교육프로그램을 설명하며 우리는 그룹화와 미장센의 형성은 연출가 한 사람만을 위한 특권이 아니라 연기 수업에 있어서 가장 중요한 요소이고, 역할에 대한 배우의 작업에 있어서 합리적인 단계라는 사실을 규정하였다.

스타니슬랍스키는 미장센이 어떻게 형성되어야 하는가에 대한 자신의 관점을 분명히 표명하고 있다. 그는 배우와의 작업을 시작도 하기 전에 미장센을 고정하여 완성된 형태로 배우에게 제시하는 이전의 메소드를 비난하며 다음과 같이 기록하고 있다.

> 과거 미장센의 방법은 연출가의 전제적인 권력이었지만, 이제 나는 그것
> 과 투쟁을 해 나갈 것이며, 새로운 미장센은 배우에게 종속되는 연출가
> 에 의해 이루어질 것이다. (8권, 102쪽)

위의 언급에서 미장센은 연출가와 배우의 공동창조의 결과로써 리허설 과정에서 이루어져야 한다는 의미이다. 왜냐하면 그럴 경우에만 미장센은 파트너들 간의 상호행동에서 섬세함을 발휘하여 그들의 고유한 창조적 특성을 구현할 수 있기 때문이다.

이미 희곡에 대한 실제 분석으로 들어간 배우는 행동하기에 가장 유리하고 편한 위치를 선택하여, 그에게 필수적이고 일상적인 도구─의자, 책상, 가림막─를 이용하며 공간속에서 이동하기 시작한다. 이로써 배우는 자신의 행동과 자신을 둘러싼 실제 소도구들을 결합시킨다. 그리하여 파트너와의 상호행동 시, 그들이 가까워지는 순간이나 떨어지는 순간에 대

화의 공간적인 유연한 결정을 위하여 '증축'과 '완공'의 순간이 점차적으로 결정된다. 예를 들어, 우연히 찾아진 자세와 그룹 만들기가 투쟁의 장면에서 발생되는 의미와 성격을 표현하는데 도움이 된다면, 배우는 작품의 미장센을 감지하면서 열정적으로 그것으로 향해 갈 것이다.

최상의 미장센을 선택하기 위한 충분한 자료가 모여졌을 때, 배우는 희곡의 제시된 상황으로 깊이 들어가면서 행동선을 확신하게 되고, 각각의 무대적 사건의 가장 표현력 있고 유연한 해결책을 찾는데 특별한 관심을 기울일 수 있으며 또 기울여야만 한다.

배우가 적극적으로 행동할 때 무엇보다도 명확해지는 것은 무대 디자인이다. 즉 행동을 위해 가장 합리적이고 편리한 전형적인 가구, 작업대, 그리고 장식품들의 위치가 결정된다. 그리하여 극장 작업에서 스타니슬랍스키는 배우를 무대 디자인의 형성에 참가시켰으며, 그들을 작품의 공연적 결정을 위한 공동 참가자로 참여시켰다.

I.M. 고르차코프는 어느 날 완전하게 마무리된 〈지혜의 슬픔〉의 첫 번째 리허설 때를 회상하였다. 스타니슬랍스키는 무대에 놓인 가구, 걸려있는 그림, 선반에 놓인 도자기, 청동상, 깔려진 식탁보, 양탄자, 계단에 깔린 좁고 긴 양탄자 등을 무대 뒤로 치워 달라고 부탁했다. 그리고 난 후, 1막의 배우들을 불러 등장인물의 삶을 살아야 하는 소피야의 객실에서 스스로 가구를 배치해 보라고 제안했다. 고르차코프는 이에 대해 다음과 같이 기록하고 있다.

> 그 누가 이런 생각을 할 수 있겠는가! 리허설이 끝날 쯤에 1막의 무대장치는 '살아 있게' 되었고, 소파의 쿠션까지 마지막으로 배치되었다. 배우는 자신들이 곧 무대에서 행동하게 될 각각의 개별 소품들에 대한 살아 있는, 올바른 관계를 정립할 수 있는 훌륭한 교훈을 얻게 되었다.[14]

M.I. 케드로프가 연출한 〈세 자매〉의 스튜디오 작품 공개 리허설 때에
도 이와 유사한 경우가 발생하였다. 스타니슬랍스키는 프로자로보예에게
손님으로 온 모든 사람들을 무대에서 몰아내고 집의 주인인 세 자매에게
만 새롭게 객실을 배치해보도록 하였다. 그리고 그는 말했다.

> 삶에서는 여러분 각자가 자신의 취향이나 필요성에 따라 자신의 방을
> 배치하고 또 훌륭하게 이것을 해낸다. 만약 제 3자인 무대 미술가가 와
> 서 여러분의 마음에 들지 아닐지를 생각 하지 않고 자신의 취향대로 여
> 러분의 방에 가구를 배치한다면, 여러분은 그러한 전제적 행위에 동의하
> 기 힘들 것이다. 하지만 그가 우리의 바람을 고려하여 깊이 생각하고 정
> 확하게 해준다면, 우리는 그에게 감사할 뿐이다. 내가 여러분에게 이야
> 기하고 싶은 것은 무대 미술가의 권리를 축소시키자는 것이 아니라, 배
> 우가 무대에서 살아야만 하는 무대장치로부터 배우가 소외되어서는 안
> 된다는 것이다. 공동의 힘으로 무대 디자인이 만들어지고 무대 벽이 설
> 치되면, 배우는 다음 질문에 답변해야 한다. '당신은 어디에서 사랑을 고
> 백하거나, 파트너를 설득하고, 그와 툭 터놓고 이야기를 할 것인가. 당
> 혹감을 감추기 위해 어디로 이동하는 것이 더 편하겠는가' 등이다. 그리
> 고 난 후, 특정 장면에 대한 무대디자인과 미장센 선(line)의 확인을 위
> 하여 자유로운 논의와 해결이 이루어진다. (4권, 354-355쪽)

스타니슬랍스키의 마지막 언급에 대해 좀 더 설명할 필요가 있겠다.
그것은 그에게 있어서 무대 디자인에 대한 명확한 결정이 미장센의 최종
확정을 의미하는 것은 아니라는 것이다. 그는 미장센을 죽은 것으로 고정
하는 것이 아니라, 배우로 하여금 매번 세부사항에서 형태를 바꾸고 대안
을 만들게 하기 위해 최근 몇 년 동안 역할 작업 및 공연에서 이러한 방

---

14) 고르차코프 H. 『스타니슬랍스키의 연출수업』, 191쪽.

법을 모색해 왔다. 창조가 '어제의 모습'이 아니라 항상 '오늘의 모습'으로 흘러가고, 살아 있는 유기적인 과정이 매번 새롭게 발생되기를 갈망한다면, 창조의 결과와 창조의 외적 형태, 즉 여기에서는 미장센이 한 번 만에 그리고 영원히 고정될 수 없다는 것은 자명한 일일 것이다. 미장센에 대한 그의 이러한 언급은 단순히 삶의 형식적인 표현이 아니라, 역할의 진정한 삶을 확보해 주는 배우의 창조적 접근성의 원칙과 맞물려 있는 것이다.

사실 배우는 행동의 논리를 따르는 것보다 외적인 미장센의 선을 따라가는 것이 훨씬 쉽다. 전자의 경우에서 배우는 근육의 기억에 의존하는 것으로 충분하지만 후자의 경우는 의지와 집중 등을 활성화시켜야 한다. 그러나 배우가 암기한 미장센을 기계적으로 반복하게 되면, 무대에서의 방향 설정과 행동 하는 것, 그리고 생각하고 살아가는 것을 결과적으로 중지하게 되는 것이다. 이를 피하기 위해 스타니슬랍스키는 배우로 하여금 매번 처음인 것처럼 미장센을 탐색하도록 만듦으로써 '배우 발아래에서 미장센의 선을 남김없이 뽑을 것'을 충고한다. 그러할 때 창조의 내적 선이 확고해지고, 적응은 상투적이지 않게 된다. 그러나 이를 위해서는 배우로 하여금 방법(출구)을 찾을 수 있도록 훈련시킬 필요가 있다.

스타니슬랍스키가 학생들이 지나칠 정도로 미장센에 얽매여있다고 느꼈을 때 그는 학생들에게 익숙한 디자인을 바꾸도록 하거나 이전의 디자인은 그대로 둔 채 배우 자신을 리허설 홀의 반대편 벽으로 옮겨가게 하였다. 그러자 배우는 리허설에서 곧 다양한 디자인 방법을 도입하는 것에 익숙해지고, 미장센의 의미와 성격을 유지한 채 미장센의 세부사항의 선택에서 자유로움을 느낄 수 있었다. 리허설 작업에서 이러한 방법은 항시적인 의외성을 형성하고 배우로 하여금 즉흥성을 띠도록 만들어준다.

또한 스타니슬랍스키는 배우가 무대로 등장했을 때, 배우의 어느 방향이 관객석으로 향하게 될지 모르도록 무대 장치를 만들기를 원했다. 이러한 목적으로 사방이 모두 닫힌 정자(亭子)를 만들어 공연에서 한 방향씩 열리도록 한다고 가정해 보았다. 그는 이 생각을 실현시키지는 못했지만 실제에서 검토해 보기를 권유하였다. 우리는 이것을 프로그램적인 요구사항이 아니라, 무엇보다도 창조를 위한 유기적인 과정을 유지하고 확고히 하는데 노력을 기울인 스타니슬랍스키의 혁신적인 구상의 도해로써 기술하는 것이다.

미장센에 대한 탐색은 살아 있는 행동, 살아 있는 유기적 과정으로부터 결코 분리되어서는 안 된다. 이러한 작업을 통해 배우는 최상의 주의를 말이나 상호행동의 과정, 리듬이나 미장센15)에 둘 수 있다. 그리하여 이러한 한 요소에서 다른 요소로의 주의의 전환이야말로 리허설을 가장 결실 있는 것으로 만들어 준다. 무엇보다도 중요한 것은 배우에게 기계적일 수 있는 그 어떤 구체적인 과제도 제시하지 않는 것이다. 그렇지 않으면 배우는 단지 리허설을 위한 리허설을 하거나 자신의 역할을 굴릴 뿐이며, 이전의 찾았던 적응을 틀에 박힌 대로 찍어낼 뿐이다.

이러한 경우 가장 명확한 미장센을 찾기 위해 배우에게 불필요한 제스처, 이동, 움직임 그리고 유연한 그림16)을 망가뜨리는 행위로부터 벗어나는 과제가 제시된다. 이것은 무대 공간에서의 배치와 파트너들의 이동을 이해하도록 만들고, 발생한 사건의 의미를 전달할 수 있게 하기 위한 최대한의 선명성과 설득력을 요구한다.

---

15) 이때 미장센의 의미는 배우의 위치, 이동, 배우들 간의 이동선, 배우들의 그룹나누기와 그룹이동선 등을 뜻한다. 즉 무대장치와 소도구, 대도구, 소품 등의 설치와 위치 등을 뜻하는 협의의 의미가 아니라 배우들의 위치, 이동선, 배우들 간의 위치와 이동선 등을 뜻하는 광의의 의미이다.
16) 배우들의 위치, 그룹나누기와 이동선을 뜻한다.

이와 관련하여 배우가 미장센의 표현성을 느낄 수 있도록 하기 위해 무성영화나 마이크가 꺼져 있는 TV방송과 같이 단어를 소리 없이 발음하도록 하는 방법은 유용하다. 배우는 소리가 들리지 않는 유리벽으로부터 분리된 것처럼 무대에서 일어난 모든 것을 말없이 관객에게 전달시켜야만 한다. 이것은 '인간의 신체적 삶' 및 작품에 대한 유연한 표현력의 형성 전체 과정을 조율할 수 있도록 도와준다.

미장센−이것은 희곡인물들의 살아 있는 그림만을 뜻하는 것이 아니다. 훌륭한 미장센은 작가가 미처 다하지 못한 말을 보충해 주고, 작가가 암시하고자 하는 것을 명확히 해 주고, 많은 경우에 있어서 작가의 구상을 풍성하게 확장시켜 주어 새로운 내용으로 그 구상을 충만하게 해준다.

스타니슬랍스키는 체홉의 희곡 〈갈매기〉 3막에서 니나와 트리고린의 대화를 통해 미장센의 원칙을 다음과 같이 기록하고 있다.

니나: 우리 작별해요…… 아마 다시 못 볼 거예요. 부탁이에요. 날 추억하며 이 작은 메달을 받아줘요. 당신의 이니셜……을 새겼어요…… 이쪽 면에는 『낮과 밤』 당신 책 이름이에요.

트리고린: 정말 근사해요! (메달에 키스한다) 정말 마음에 드는 선물이에요.

니나: 가끔 나를 생각해주세요.

트리고린: 생각하고말고요. 난 맑게 갠 그날의 당신을 생각할거예요. 기억해요? 일주일 전 당신은 빛나는 원피스를 입고 있었고…… 우리는 서로 이야기를 나누고 있었죠…… 그리고 그때 벤치에 흰 갈매기가 놓여 있었어요.

니나: (생각에 잠긴다) 그래요, 갈매기…… (사이) 이제 우리 더 이상 이야기할 수 없어요. 이쪽으로 누가 와요…… 떠나시기 전에 2분간만 들려주세요. 제발요……

니나와 트리고린의 상호 끌림에 대해 말해주는 위의 짧은 대화는 단지 지문에 서술된 ('트리고린, 메달을 받아 입 맞춘다') 것 이외에는 어떠한 특별한 미장센이나 신체적 행동을 필요치 않는 것처럼 보인다. 스타니슬 랍스키는 이 짧은 대화를 어떻게 보았을까?

트리고린은 주위를 둘러본다. 아무도 없다. 그러고 나서 니나 곁에 앉는다. 둘은 서로를 바라본다. 니나는 침울하다. 니나는 주저하듯 일어서서 옷 아래 숨겨져서 가슴에 리본으로 매달려 있던 메달을 떼어낸다. 트리고린은 일어서서 그 메달을 받는다. 휴지. 니나는 당황한다. 어색한 휴지. 둘 다 아무 말이 없다. 당황한 니나는 등받이 없는 긴 의자에 앉아 옷의 주름을 편다. 또 다시 휴지. 트리고린은 좀전의 자리에 다시 앉아 니나 쪽으로 조금 몸을 숙인다. 니나는 불안한 듯 재빨리 그를 쳐다본다. 휴지. '네, 갈매기가……' 니나는 걱정스러운 얼굴로 말한다. 또다시 어색한 휴지. 니나는 벌떡 일어나서 다른 곳으로 간다. 트리고린은 그녀의 왼손을 붙잡아 멈춰 세운다. 니나는 그를 쳐다보지 않은 채 멈춰 선다. (바닥을 보며 그에게 등을 돌리고 서있다) 휴지. 트리고린은 조심스럽게 그녀의 손을 입술로 가져온다. 긴 입맞춤. 니나는 조심스럽게 손을 빼내어 재빨리 걸어간다. 난로 곁에서 잠시 멈추어 깊은 생각에 잠기는 듯하더니 몸을 홱 돌려서 트리고린에게 다가온다. 그를 쳐다보지 않고 재빨리 말을 하고 부리나케 나가버린다. 휴지. 트리고린은 그녀의 뒷모습을 바라보며 메달에 입을 맞춘다. 트리고린은 들어오는 사람을 보자, 원고가 쌓여 있는 난로 옆 탁자로 다가가 그것을 여행 가방에 넣는다. (연출 대본에는 미장센에 대한 서술과 그림이 첨부되어 있다.)

니나 근처로 다가가 앉기 전의 트리고린의 둘러보는 시선에서부터 시작하는 미장센의 모든 것은 인물형상의 성격묘사에 도움이 되었고, 매우 섬세한 상호행동의 과정을 드러내 주었다. 그리하여 상호행동의 결과로 상대방 간에는 완전히 새로운 관계가 성립되었다. 비록 연출가가 지문을 글자 그대로 따르지 않았다 할지라도 자신의 미장센을 통해 작가의 특별한 스타일과 관객을 위하여 유연한 공연의 형태로 바꾸어 특별한 시적인 형상을 예리하게 구현하였다.

이처럼 스타니슬랍스키가 작업 시작 전에 배우와 함께 고안한 미장센은 리허설 과정에서 변화하여 새로운 자질로 획득되었다. 앞서 말한 것처럼 스타니슬랍스키는 점차 미장센에 대한 자신의 이러한 접근을 재검토하여 혼자가 아니라 배우들과 함께 책상 작업을 통해 공동으로 미장센을 만들었다. 하지만 이러한 작업이 무대적 표현력이라는 측면에 있어서 그의 관심을 약화시킨 것은 결코 아니다.

초기와 마찬가지로 후기에도 그의 연출적 작업은 미장센의 구성을 연구하는데 있어서 커다란 자료를 제공해준다. 일례로, 그는 20년대 초에 나폴레옹 1세 시기의 건축 양식인 주랑(이것은 양쪽이 동일하지 않게 분리되어 있었다.)으로 만들어진 스튜디오 홀에서 오페라 〈예브게니 오네긴〉을 공연하였다. 3장에서 타치아나의 연애편지를 받은 오네긴이 그녀에게 훈계를 할 때, 주랑은 벤치가 있는 정자로 변한다. 타치아나 역의 여배우가 벤치에 앉고, 오네긴은 기둥 옆에 서서 자신의 결정을 말하기 위해 우아하면서도 태연한 바이런적인 자세를 취했을 때, 스타니슬랍스키는 리허설을 멈추고 목수를 불러 벤치의 다리를 좀 더 짧게 하라는 지시를 내렸다. 낮아진 벤치는 여배우의 자세와 자감을 변화시켜 마치 잘못을 저지른 여학생이 교사의 훈시를 들어야만 하는 것처럼 타치아나의 굴욕감을 느낄 수 있도록 도와주었다. 아직 눈물이 마르지도 않은 눈을 감추고 그녀는 애원하듯 그를 바라본다. 그는 관대한 척하며 그녀를 꾸짖는다. '시골 처녀는 사교계의 멋쟁이로부터 훌륭한 말투의 교훈을 듣는다.' 라는 지문에서 스타니슬랍스키는 이 장면의 의미를 이와 같이 실행하고 있는 것이다.

일반적으로 〈그레민의 무도회〉라고 불리는 오페라의 마지막 두 번째 장면은 장엄한 플로네즈로 시작한다. 무대 미술가는 이렇게 작은 스튜디오 홀에서 어떻게 사교계의 무도회를 만들 수 있을지 의아해 하였다. 스타니슬랍스키는 모든 오페라 극장들이 이 장면에서 춤을 위한 장소로 만든다는 것을 알고 있었다. 그러나 차이코프스키가 상류사회의 무도회에서의 춤을 보여주기 위해 이 장면을 만들었겠는가? 사실, 춤은 오네긴과 타치아나의 재회를 위한 배경일 뿐이다. 그러므로 그는 무대미술가에게 타치아나가 '무도회의 여왕'으로 등장하기 위해 합당한 틀과 대를 만들어 그들과의 만남의 장면을 미장센 할 수 있게 도와달라고 요청했다. 즉 춤은 옆방에서 행해지고, 무대에는 무도회의 분위기만 느낄 수 있으면 되는 것이라고 스타니슬랍스키는 말했다.

그리하여 무대 미술가는 몇 개의 계단으로 특별석 비슷한 것을 만들었는데, 바로 그 계단 높이에서 타치아나가 오네긴과 대화를 한다. 그녀는 그를 아래로 내려다보고, 오네긴은 아래에서 대기하는 듯한 자세로 서서 그녀에게 반한 듯 바라본다. 그들의 역할이 바뀐 것이다. 이번에는 타치아나가 이 상황의 주인이 된 것이다. 이렇듯 스타니슬랍스키의 미장센은 사건의 본질 및 성격을 드러내고, 주인공들의 상호관계에서 발생하는 변화들을 강조해 주고 있다.

[11] 성격 습득

우리가 기술한 역할작업 과정은 본질상 다른 어떤 것이 아니라 배우의 인물형상으로서 일관성 있고 점진적인 변신이 어떻게 일어나느냐 하는 것이다. 그러나 변신은 배우가 역할의 삶의 상황 속에서 자신으로서 행동해야만 하는 시점부터 시작한다. 그리하여 배우 자신이 인물(역할)로서 접근한다면, 배우 자신과 희곡의 등장인물의 행동 간에 접촉점이 필연적으로 생겨날 것이다. 희곡의 상황, 사실, 사건을 명확하게 배우자신으로서 시작한다면, 이후에는 배우의 신체행동의 논리와 역할의 신체행동의 논리가 점차적으로 결합하게 된다. 배우는 '역할 속의 자신'뿐만 아니라 시간의 흐름에 따라 '자신 속의 역할' 또한 느끼기 시작한다. 이처럼 자연스러운 방법으로 배우 속에서 삶의 신체적 선을 확고히 하는 것과 병행하여, 등장인물의 감정과 유사한 감정이 확립된다.

이리하여 배우가 자신으로서 행동하는 동시에 자신이 표현하고자 하는 인물로서 표현해낼 때 기적 같은 순간이 다가온다. 이 순간은 하나의 질적인 상태에서 다른 것으로의 갑작스러운 도약이라고 할 수 있으며, 예술가의 창조적 통찰로 간주된다. 물론 예술가는 이전의 모든 역할 작업에 의해 준비되었으므로 이러한 상태는 대체로 예기치 않게 직감적으로 배우에게 발생한다.

배우는 표현된 인물의 언어로써 말하고 그의 눈으로 주위를 둘러보고 그가 생각하는 것과 똑같이 생각한다. 그는 이제 희곡이라는 틀 밖으로 나와 형상 속에서 행동할 수 있으며, 자신으로부터 그리고 동시에 자신의 주인공으로부터 일련의 단순한 삶의 행동들을 수행한다. 이것이 바로 배우의 형상으로의 진정성 있고 유기적인 변신이다. 이에 대해 므하트의 장인들과의 대화에서 스타니슬랍스키는 다음과 같이 말한다.

> 변신에 대한 이해에 있어서 커다란 실수가 존재한다. 변신은 자기 자신
> 으로부터 떠나는 것이 아니라, 역할의 제시된 상황 속에서 역할의 행동
> 을 통해 자신을 둘러싸는 것이며, 그 상황에 익숙하게 되어 이미 '나는
> 어디에, 역할은 어디에?'를 모르게 되는 것이다. 이것이야말로 바로 진실
> 한 변신이다.[17]

배우의 인물형상으로의 변신과정은 내적 및 외적인 특성의 형성을 전
제로 한다. 등장인물의 생각과 행동의 특징적인 특성의 습득은 무대적 형
상을 만드는데 있어서 배우 작업의 중요한 구성요소이다. 내적인 특성을
느끼는 것은 작업의 전 과정을 거쳐 점진적으로 이루어지거나 또는 희곡
의 인물을 연기하는 특정 순간에 갑자기 발생될 수도 있다. 하지만 이것
을 예상하기는 쉽지 않다. 한편 다른 경우 배우는 끝까지 역할 속에서 자
기 자신으로서 남아있게 되어 그에게는 아예 그 어떤 내적인 특성도 발생
하지 않을 수도 있다.

배우의 생각과 상상을 필요한 방향으로 보내기 위해 배우에게 텍스트
와 역할에 대한 실제적인 연구과정에서 형성된 배우 자신의 역할에 대한
살아 있는 느낌에 의거하여, 표현되는 인물의 자세한 성격묘사를 기록하
도록 하는 것이 유익하다. 이러한 작업은 배우로 하여금 스스로 나타나지
않는 특성에 대한 탐구를 하도록 만들거나, 직관적으로 태어나지만 끝까
지 인식되지는 않는 것이라는 생각을 하도록 만든다. 그러나 모든 경우에
있어서 형상의 성격묘사는 역할 속에서 배우의 행동 논리를 교정하고, 외
적 특성을 찾는데 도움을 준다.

---

17) 스타니슬랍스키, 『논고, 말, 대화, 편지』, 681쪽.

그 예로 스타니슬랍스키가 연기한 이아고의 성격 묘사를 살펴보자. 한 장면에서 다른 장면으로 넘어가며 스타니슬랍스키는 희곡의 사건이 전개되어 갈수록 이아고의 행동이 우리 눈앞에 드러날 수 있음을 감지했다.

1막 1장 이아고: 로드리고의 동료이자 친구, 군사학을 싫어하는 검술사
　　　　불안한 장면: 훌륭한 연출가 역할
　　　　브라반치오에 대한 그의 응답: 냉소, 경멸
　　　　로드리고에 대한 그의 전체 태도: 위선
　　　　장면의 끝: 회피하는 능력
　　2장 모든 장면: 개 같은 충성, 충성의 가면
　　　　장면의 시작: 로드리고에 대한 그의 암시 - 위선. 오델로를 브라반치오와 충돌시키기 위해 그를 지연시킴(훌륭한 연출가 역할)
　　3장 데스데모나를 데리고 옴 : 남의 일을 돌보아 줌, 전체 장면에서 선임 동료 로드리고와 함께 함. 의기소침한 기세를 고양시킴. 독백의 시작: 사람에 대한 경멸, (독백에서) 질투자

그리고 난 후 스타니슬랍스키는 이아고의 자질을 세 그룹으로 나누었다. 첫 번째는, 외적으로 보이는 이아고의 특성이다.(주위에서 그를 어떻게 받아들이는가): 우정의 가면. 개 같은 충성. 남의 일을 돌보아 줌. 동료의식. 군인-검술사. 술꾼-주정뱅이. 선량함의 가면. 두 번째는, 이아고의 능력이 나열된다: 훌륭한 연출. 간계의 배우. 체스 선수. 모면하는 능력. 세 번째는 그의 결함: 위선. 사람에 대한 경멸. 강압. 냉소. 미미한 자존심. 질투. 모욕을 잘 느낌. 질투자. 증오 (4권, 509-510쪽)

또한 스타니슬랍스키는 사전적 연구와 더불어 희곡 텍스트에는 없는 것에 자신의 상상력을 더하여 이아고의 상세한 성격묘사를 작성하였다.

그는 출신상 평범한 군인이다. 외견상으로는 투박하고 선량하고 충성심이 강하고 정직하다. 그는 사실상 용감한 검술사이다. 모든 전투에서 오델로와 함께 했다. 오델로의 목숨을 구한 적도 한 두 번이 아니다. 그는 영리하고 약삭빠르다. 군사적인 능력과 직감으로 전술을 세우는 오델로의 전투 전술을 잘 이해하고 있다. 오델로는 전투 이전과 전투 당시 그와 항상 상의하며, 이아고는 그에게 현명하고 유리한 조언을 한 적이 한 두 번이 아니다.

　　이아고 내에는 두 사람이 있다. 하나는 남들에게 보이는 모습의 그이고, 다른 하나는 실제 모습의 그이다. 하나는 온화하고 어리석고 선량하며, 다른 하나는 악하고 혐오를 불러일으킨다. 그가 쓴 가면은 모든 사람(어느 정도까지는 그의 아내까지)으로 하여금 이아고는 가장 충성스럽고 가장 선량한 사람이라고 확신할 만큼 속인다. 만약 데스데모나가 흑인 남자 아이를 낳았다면, 유모 대신 그를 키워 줄 사람은 바로 이 크고 투박하지만 비길 데 없이 선량한 이아고일 것이다. 소년이 자라게 되면 아마도 호인의 가면을 쓴 바로 이 악한을 소년은 삼촌으로 불렀을 것이다. 오델로는 전투에서 이아고를 보아왔고 그의 용감성과 잔혹성을 알고 있지만, 그에 대한 의견은 다른 모든 사람들과 같았다.

　　오델로는 사람들이 야수가 된다는 것을 알고 있다. 그 자신도 그렇기 때문이다. 그러나 이것 때문에 그가 부드럽고, 온화하고, 거의 수줍기까지 한 사람이 되는데 아무런 방해가 되지 않는다. 그 외에도 오델로는 전쟁에서 훌륭한 조언을 해 준 적이 한 두 번이 아닌 이아고의 지혜와 간계를 높이 평가했다. 전투를 위한 군의 삶 속에서 이아고는 조언자뿐만 아니라 그의 친구였다. 오델로는 그와 함께 자신의 불행, 의심, 희망을 나누었고, 이아고는 항상 오델로의 천막에서 잤다. 위대한 지휘자는 잠 못 이루는 반면 그와 흉검을 터놓고 이야기하였다. 이아고는 그의 하인이자 하녀였으며, 필요하면 의사가 되어주었다. 이아고는 누구보다도 상처를 잘 감쌌고 필요할 때면 그의 기운을 북돋아 주고 즐겁게 해주었으며, 조금은 무례하지만 우스운 노래를 불러주거나 조금은 저속한 이야기도 들려주었다. 그의 선량함 덕분에 오델로에게는 이런 것들이 용서되었다.

이아고의 노래와 저속한 이야기가 얼마나 대단한 역할을 하였던가. 예를 들어 군대가 지치고 군인들이 투덜거릴 때, 이아고가 부른 노래는 군인들을 휘어잡아 자신의 냉소주의로 감동을 주었으며 기분까지도 달라지게 만들었다. 격분한 군인들에게 어떠한 만족감을 줄 필요가 있는 또 다른 순간에, 이아고는 포로로 잡은 야만인에게 흥분한 군인들을 진정시키고 일시적인 만족감을 줄 수 있는 짐승 같은 냉소적인 고문이나 형벌을 고안해 내는데 망설임이 없었다.

물론 이 모든 것은 오델로로부터 떨어져 조용하게 실행하였다. 왜냐하면 고결한 모로코인은 짐승 같음을 참지 못하기 때문이었다. 만약 필요하다면, 그는 당장 단숨에 아무런 괴로움 없이 머리를 벨 것이다.

이아고는 정직하다. 공금이나 공공자산은 손을 대지 않았다. 그는 위험을 감수할 만큼 지나치게 영리하였다. 그러나 어리석은 자(로드리고를 제외하고 그러한 자들은 세상에 너무나 많다)로부터 횡령할 수 있다면 그는 그 기회를 놓치지 않았다. 그들로부터 돈, 선물, 향음, 여자, 말, (개, 늑대, 여우 등의) 새끼 등 모든 것을 다 가졌다. 이러한 부수입으로 인해 그는 떠들썩한 주연과 즐거운 삶을 위한 자산을 마련할 수 있었다. 에밀리아도 비록 짐작은 했을지 모르지만 이것에 대해 알지 못했다.

이아고와 오델로의 친밀은 이아고로 하여금 평범한 군인에서 육군 중위로 진급하게 만들었고, 오델로와 함께 천막에서 자도록 만들었으며, 그가 오델로의 오른팔이라는 사실은 장교들 사이에서는 질투를, 군인들 사이에서는 사랑을 불러 일으켰다. 그러나 모두들 그를 두려워하면서도 존경하였다. 그는 진실로 이상적인 군인이자 전사였으며, 어려움이나 재난 속에서 연대를 구출한 것이 한두 번이 아니었기 때문이다. 전투의 삶은 그에게 어울렸다.

그러나 오델로는 베니스에서의 공식적인 자리에서 예의와 다소 거만함을 지닌 채 고위직 사람들과 업무를 보게 되었고, 그때 이아고는 그

자리에 없었다. 지휘자 자신도 학문, 문서, 군사학 분야에는 취약하였다. 그는 자신 곁에 이러한 여백을 채울 수 있는 사람, 즉 대담하게 총독과 원로원에게 자신을 위임하여 보낼 수 있는 부관이 필요했다. 또한 편지를 적거나 오델로 자신이 모르는 군사학에 대해 설명해 줄 수 있는 누군가가 필요했다. 과연 이러한 직위에 전투적인 이아고를 임명할 수 있을까? 말할 필요도 없이, 학문적인 카시오가 적합한 인물이었다. 카시오는 파리 사람과 유사하지만 당시로는 상류사회와 우아함의 표본이었던 플로렌스 출신이다. 브라반치오와의 교제나 데스데모나와의 비밀스러운 밀회 때 이아고가 과연 도움이 될 수 있을까? 그렇다면 카시오보다 더 나은 인물을 찾을 수 없다. 오델로가 특별히 그를 위관 또는 부관으로 임명한다고 해서 놀랄 일이 무엇일까! 무엇보다도 부관의 후보자로서 이아고는 오델로의 머릿속에 단 한 번도 떠오르지 않았다. 무엇 때문에 이아고에게 이런 역할을 맡길 것인가? 이아고는 그것 아니라도 가까운 내 사람이고, 집안 식구같고, 친구인데. 이 역할에만 충실하도록 내버려두자. 무엇 때문에 교육받지 못하고, 촌스럽고, 투박한 그를 부관의 자리에 앉혀 모두에게까지 웃음을 살 필요가 있는가! 분명 그렇게 오델로는 생각했을 것이다.

그러나 이아고는 전혀 생각이 다르다. 그는 자신의 모든 공적, 용감함, 지휘관의 목숨을 한두 번 구해준 것이 아니라는 점, 우정, 충성심을 감안하여 다른 그 누구도 아닌 바로 자신이 지휘관의 부관이 될 것이라고 예상했다. 카시오를 이아고의 전투 동료들 중에서 어떤 탁월한 장교와 바꿨다면 얼마나 좋았을까. 그런데 전투나 전쟁이 무엇인지 아직 알지도 못하는 처음으로 군대에 온 귀여운 어린 장교를 택하다니! 자신과 비교해 볼 때 거의 소년이나 다름없는 자를 데려오다니! 단지 그가 책을 읽을 줄 알고, 귀족 부인들과 예쁘게 떠들 수 있고, 강한 자들 앞에서 아첨할 줄 안다는 이유로 그를 택하다니! 이아고는 지휘관의 이런 논리를 결코 이해할 수 없었다. 그러므로 카시오의 임명은 이아고에게는 절대로 용서할 수 없는 대단한 쇼크, 모욕, 비하, 경멸, 배은망덕이었다. 무엇보다도 모욕적인 것은 그 임명에 대해 아무런 말조차 없었으며, 그 누구의 머릿속에도 떠오르지 않은 일이라는 점이다. 또한 이아고에게 치명타를 입힌 것은 가장 내밀하고 애정이 담긴 일, 즉 데스데모나에 대한 사랑과 그 사랑을 훔쳐온 것이 감춰지고 어린 카시오에게 위임된 것이다.

　　카시오가 부관으로 임명된 이래 이아고는 술을 마시고 떠들어대기 시작했다. 아마도 술자리에서 로드리고와 만나 친하게 되었으리라. 자신의 새로운 친구와의 허물없는 대화에서 가장 좋아하는 주제는 바로 데스데모나를 훔쳐 달아나고자 하는 로드리고의 염원을 이아고가 이루어줄 것이라는 것이고, 그리고 자신에 대한 지휘관의 불공정함에 대한 불만일 것이다. 원한을 완화시키기 위해 필요한 것은 단지 그 원한에 식량을 제공하기 위한 모든 것을 생각해 내고 계략을 짜내는 것이었다.[18)]

　　스타니슬랍스키는 이아고의 성격묘사를 명확히 해나가며 그와 다른 등장인물들 간의 상호관계를 밝혔다. 또한 그는 희곡의 일관된 행동 및 제시된 상황의 구체성을 위한 선을 따라가며 인물형상의 창조적 심화의 예를 보여주었다. 여기서 중요한 점은 스타니슬랍스키가 이러한 성격묘사 작업 시, 교육자적인 판단으로서가 아니라 셰익스피어 비극의 공연을 준비하는 연출가로서 작업했다는 점이다. 그러나 그는 근본적으로 인물형상의 일대기를 만들어야 하는 사람은 연출가가 아니라 배우라고 생각했으며, 단지 배우의 상상을 자극하기 위해 이 방법을 사용했던 것이다.

　　역할에 대한 배우의 작업은 행동의 전형적인 방식, 움직임의 특성, 걸음걸이, 표정, 제스처, 목소리, 발음, 그리고 분장과 의상을 포함하는 외적인 특징 묘사를 구축함으로써 완성된다. 외적인 특징 묘사 요소들은 자주 배우에게서 직감적으로 나타나지만, 그러나 그것은 내적인 성격 묘사

---

18) 스타니슬랍스키, 『오델로의 연출플랜』, 13-15쪽.

요소들과의 자연스러운 연상관계에서 발생된다. 그리고 이 요소들은 배우의 행동 논리에 의해 스스로 발현된다. 시대 상황, 생활 관습 등에 대한 연구는 배우에게 역할의 외적 형상 및 이것의 전형적 재현을 위하여 추가적인 자료들이다.

만약 역할의 외적인 특징 묘사가 스스로, 직감적으로 이루어지지 않는다면 배우로 하여금 표현되어지는 인물의 외적인 형상과 행동의 특별한 성격을 구축할 수 있도록 도와주는 의식적인 방법이 있다. 이를 위해 자신의 밖에서, 마치 자신의 구상을 실현하기 위해 살아 있는 자연을 찾아내는 화가처럼 배우는 필요한 창조 재료를 찾아야 할 필요가 있다. 일상에서 사람을 관찰하여 선별해내는 방법이 그것인데, 집, 거리, 공공장소에서 자신에게 어떤 식으로든 역할의 형상을 연상하게 만드는 사람을 관찰하여 그로부터 고유한 특성을 찾아내는 것이다. 이에 대해 스타니슬랍스키는 다음과 같이 말하고 있다.

> 표현되어지는 인물의 외적 형상을 구축 시, 배우는 상상을 풍성하게 해주는 분장, 체형, 태도 등을 결정함이 좋다. 이를 위해 사진, 판화, 그림, 분장 초안, 전형적인 인물, 문학 작품에서 그것에 대한 기술 등을 수집해야 한다. 이러한 자료들은 상상력이 궁핍할 때 배우에게 창조적 작업을 위하여 암시를 주고, 한때는 잘 알고 있었지만 지금은 잊어버린 것을 상기시켜준다. (4권, 185쪽)

스타니슬랍스키의 문서 보관실에 보관되어 있는 다양한 잡지에서 수집한 것, 스케치, 사진 등이 있는 10권의 앨범은 전형적인 특징 묘사의 구축을 위한 그 자신의 접근을 일목요연하게 보여준다. 특징 묘사의 요소에 대한 항시적인 트레이닝에 대한 그의 요구를 깊이 생각한다면, '배우의 화장실'로 접근해야 하고 그럼으로써 학생들은 자신의 외적 형상을 구축해야 할 필요가 있을 때 무력한 처지에 처하지는 않을 것이다.

인물형상은 작품 전체를 통해 발전해 나가는 것이므로 그에 발맞추어 외견 또한 변모하는데, 특히 무대 사건이 시간상 긴 길이를 갖는 경우에 그러하다. 예를 들면, 인물형상의 진화는 상승선을 따라 진행될 수 있는데, 즉 겸손하고, 눈에 띄지 않고, 예속적인 사람이 점차적으로 주인공 또는 그의 과거 주인이었던 약탈자처럼 변해가는 오스트롭스키의 희곡에서 이러한 인물형상은 만날 수 있다.

한편 외적인 특징묘사로써 인물이 이런저런 이유로 신체적, 도덕적으로 작아지고 소시민이 되어 자신의 기존의 꿈과 이상을 상실하게 될 때 형상의 퇴화를 볼 수도 있다. 예를 들어, 체홉의 『세 자매』의 1막에서 안드레이 프로조로프는 음악에 심취하고, 학자, 모스크바 대학의 교수가 되기를 꿈꾸는 낭만적인 젊은이다. 이후 2막과 3막에서 그는 점차 젊은 시절의 이상으로부터 멀어지는 소시민이자 자신의 뚱뚱한 아내의 남편일 뿐이며, 마지막 막에서는 자신의 남성적 및 인간적 매력을 이미 상실한 타락한 시골 관리인으로 전락한다.

작품에서 이러한 형상의 진화 혹은 퇴화, 한 자질에서 다른 자질로의 등장인물의 점차적인 변모는 배우에게 가장 큰 흥미를 제공하고 스타니슬랍스키 작업에서도 인물의 핵심 고리를 제시한다.

무대 형상은 다른 그 무엇이 아니라 역할의 일관된 행동의 구현이며, 특징묘사는 역할에 있어서 행동의 특별한 성격이다. 이것뿐만이 아니라 다른 것 또한 역할의 총보라 불리는 것 속에서 반영되어지는데, 총보는 인물형상에 대한 배우의 준비작업 전 과정을 명기하고 있다. 총보에 대해서는 다음 장에서 자세히 언급하도록 하겠다.

배우의 '전망(perspective)'에 대하여 스타니슬랍스키는 '신중하고 조화로운 상호관계, 희곡의 전체와 역할을 자기 것으로 만들었을 때 부분에 대한 분배'(3권, 135쪽)라고 말한다. 이러한 전망을 획득함으로써 배우는 성실한 연기자로부터 마치 자신의 인물형상의 조각가이자 특정의 창조적 구상의 구현자가 된다. 몇몇의 가장 중요한 역할의 순간들은 배우에 의해 제 1열에 놓여지고, 그 외의 것은 밀려나 중요 주제의 배경이나 반주 역할만 하는 듯하다. 그리하여 행동의 총보는 예술적인 완전성과 완결성을 획득한다. 이때 배우의 연기는 스타니슬랍스키의 표현에 따르면 '원시안적이 된다.'는 것이다.

역할의 전망과 배우의 전망은 일시적으로 합쳐지지만 간혹 다른 방향으로 분리되기도 한다. 전망의 양분성은 무대 창조의 본질 자체에 의해 결정된다. 등장인물로서 배우는 자신의 주인공의 삶으로 무대에서 살지만, 역할 창조자로서 배우는 옆으로 비켜서서 자신을 관찰하고 교정한다. 등장인물로서 배우는 차후 자신에게 일어나는 일을 의심조차 해서는 안 되지만, 형상의 창조자로서 배우는 이것을 알아야 하고, 무대적 사건의 예기치 못한 전환으로 자기 자신을 데리고 가야 한다.

역할의 전망과 마찬가지로 배우의 전망 또한 일관된 행동이 나아가고 있는 궤도를 준비하는데, 여기서 역할의 전망은 초목표로 향한 공동의 방향을 결정하지만, 배우의 전망은 배우에게 가장 표현력 있는 형태와 필요한 정도의 적극성을 제공한다.

역할 및 작품의 일관된 행동은 가장 선명하고 충분히 드러낼 수 있도록 이 두 전망 서로 간에 통합적으로 적용되어야만 한다. K. 트레뇨프 희곡의 여주인공인 류보피 야로바야의 역할을 예로 들어 설명해 보자.

희곡에는 두 개의 적대적 진영 사이의 투쟁을 보여주는 러시아의 시민

전쟁 에피소드 중 하나가 묘사되어 있다. 지금까지 매우 사랑했던 야로바야 부부는 이 투쟁의 소용돌이 속에서 결코 용서할 수 없는 적대자가 되었다. 그러나 서로가 공개전투로 나가기 전에 부부 각자는 의심, 망설임의 복잡한 여정을 거치며 이전의 감정으로 되돌려보려고 노력하고 상대방을 자기편으로 끌어오려고 애쓴다. 사랑과 증오, 국민의 의무와 부부의 의무, 상호 신뢰와 의심 사이의 투쟁은 희곡 전체를 거쳐 지나가는데, 마지막이 되어서야 비로소 류보피 야로바야는 남편, 그리고 그녀가 증오하는 모든 낡은 세계와의 최종적인 단절을 결정한다.

무대적 결정의 직선성을 피하고 일관된 행동의 모든 굴곡을 뚜렷이 그리기 위해 배우에게서 요구되는 것은 감정의 진실성뿐만 아니라 섬세한 예술적 계산이다.

첨예하게 전개되는 사건 속에서 (혁명 세력에 의한 도시의 방어, 백군의 도시 강탈, 붉은 군대의 새로운 진격) 야로바야 부부는 몇 차례 만난다. 이미 첫 번째 만남에서 류보피 야로바야는 죽은 줄로만 알았던 남편이 적의 진영에 있으며, 자기를 전우에게 넘겼다는 것을 확신한다. 이전에는 그녀가 그를 헌신적으로 믿었다면, 지금은 그 믿음이 산산조각 나버렸다. 3막 끝에서 그들이 다시 만나게 된 순간 야로브이(남편)에 대한 그녀의 관계는 이미 적대적인 성격을 띠고 있으며, 화해에 대한 모든 희망은 없어진 것 같다. 의식 있는 투사의 진영으로 여주인공을 반드시 데리고 와야만 하는 역할의 전망에 따른다면, 1막 이후 특히 그들의 두 번째 밀회 이후 최종적인 관계의 단절로 되어야만 한다. 그러나 배우의 전망은 지나치게 직선적인 역할의 결정을 허용하지 않는다. 반대의 경우, 여주인공의 형상의 발전은 이미 3막에서 완성되지만, 배우에게는 아직 연기해야만 하는 비극의 두 막이 더 남아있다.

즉 배우의 전망의 관점에서는 심리학적으로 보다 복잡한 과정을 선택하는 것이 더 유리하다. 이성적 논쟁을 통해 류보피 야로바야는 남편이 방황을 극복하고 혁명의 편으로 넘어올 것을 아직도 계속하여 믿고 있다. 3막에서 그를 영원히 잃지 않기를 바라며, 그녀는 남편에게 백군과 손을 끊으라고 열정적으로 설득한다. 사랑에 빠진 여자의 논리는 시간이 갈수록 민중의 해방을 위하는 애국자, 투사인 여자의 논리를 능가한다. 이는 바로 4막에서 야로브이와의 밀회가 그녀의 동료들에게는 함정이 되며, 그녀가 동료들의 체포에 대한 뜻하지 않은 죄인이 되는 이유이다. 희곡의 맨 마지막에서야 그녀는 자기 속에서 사랑을 억제할 수 있는 힘을 찾게 되고, 적인 남편을 공개적으로 비난하게 되며, 그를 혁명군 손에 넘겨주게 된다. 그녀는 혁명군 지휘관 코쉬킨에게 오늘에야 비로소 그녀를 진정한 동지라고 생각해도 된다고 말한다.

트례뇨프 희곡의 지고한 국민적 주제는 무엇보다도 여교사 야로바야의 운명이 복잡한 내적 투쟁에서 구현되며, 이러한 형상의 진화는 작품의 사상적 핵심이 된다는 것이다. 남편과 아내 사이의 계급적 입장의 차이가 극복할 수 없는 장벽을 초래했다 하더라도 그 차이는 서로에 대한 내적인 갈망을 근절시키지는 못했다. 사랑과 증오의 척도는 작품의 초목표의 승리에 다다르기 위해 그들이 만나는 각각의 에피소드에서 정확히 측정되어야만 한다.

배우의 전망은 역할의 총보가 지향해야 될 목표를 볼 수 있도록 돕는다. 그리고 배우의 전망은 희곡의 사건의 발전에 의해 제시되어지는 방향 속에서 배우의 행동 논리를 교정한다.

음악 '총보'에서처럼, 무대의 총보에서도 고유의 강약, 증강과 하강의 구간(크레센도와 디미뉴엔도), 템포의 빠름과 느림, 움직임 성격의 변화,

휴지, 악센트, 비상과 하락 등이 있다. 다른 말로 하면, '총보'의 개념에는 무대적 사건과 행동의 논리 및 일관성뿐만 아니라 템포와 리듬의 그림 또한 포함되어 있다. 역할의 행동이 아직 암시되기만 하고 유기적인 과정이 요소들로 나눠질 때 뜻하지 않은 진행의 지체, 리듬의 완만함이 발생한다. 그러므로 작업의 초기에는 행동의 템포-리듬에 대한 올바른 느낌이 아직 발생될 수 없으며, 심지어 템포-리듬에 대해 너무 일찍 떠올리는 것은 부정적인 결과를 자주 초래하기까지 한다. 행동의 논리를 아직 자기화하지 못한 배우는 서두르게 되고, 유기적인 과정의 필수적인 단계를 뛰어넘게 되어 최종 결과를 인위적으로 강요하게 된다.

그러나 행동의 총보가 배우에게 어떤 형태로 결정되면, 배우 스스로 총보의 개별적인 각 부분의 역동적인 상호관계를 평가하고, 서로 간을 대조하고, 역할의 절정과 역할로의 접근을 결정하고, 시간의 흐름에 따라 무대적 사건의 진행을 교정할 수 있게 된다. 그리하여 희곡의 마지막까지 가서야 비로소 배우는 1막을 어떻게, 어떤 리듬 속에서, 어떤 음조 속에서 연기해야 할지를 이해하게 되는 경우가 아주 많다.

〈오페라-드라마 스튜디오〉에서 아직까지 서툴게 준비된 〈세 자매〉의 1막이 스타니슬랍스키에게 보여 졌을 때, 배우들은 1막을 보드빌의 리듬으로 연기해야 한다는 스타니슬랍스키의 논평에 놀라움을 금치 못했다. 그러나 공연 즈음, 희곡의 비극적 종말은 이와 대조를 이루는 원기 왕성한 음조, 즉 작품의 일관된 행동을 결정하는 삶에 대한 열정적인 믿음, 행복에 대한 갈망이 1막에서 현저하게 드러나도록 해야 한다는 사실이 분명히 드러났다. 따라서 1막은 무엇보다도 삶을 긍정하는, 원기 왕성한 분위기의 형성을 위한 기반을 제공해야만 한다. 이 분위기는 우울한 회상, 고민스러운 권태, 힘겨운 예감의 메아리에 의해 어딘가에서 파괴되기도 하지만 전반적으로 축제적인 기분 속에 녹아있다. 만약 부러진 날개를 가진 멸망할 운명의 주인공들을 1막에서 바로 보여준다면 희곡은 그 어떤 발전도 일어나지 않을 것이다.

행동의 총보를 전체적으로 설명함에 있어서 리허설은 희곡 전체 및 희곡의 개별 역할의 리듬의 설정에 할애할 필요가 있다. 그러나 행동의 템포-리듬을 기계적으로 이해해서는 안 된다. 따라서 이 경우 리듬 자체가 아니라, 리듬을 만들어 내는 것에 관심을 기울여야 한다.

아울러 배우로 하여금 '다르게'가 아니라 바로 그렇게 행동하도록 자극을 주는 상황을 제시할 필요가 있다. 그래야만 이후에 비로소 행동의 강도와 성격이 어떻게 변하는지에 관심을 기울일 수 있고, 합당한 템포-리듬을 확고히 정립할 수 있기 때문이다.

역할의 총보가 배우의 의식 속에서 그리고 형상에 대한 배우의 살아 있는 느낌 속에서 이루어 질 때, 총보는 리허설에서 그 다음은 희곡 전체에서 각각 배우들을 통해 전적으로 검증되고 확고히 된다. 그리하여 학생들에게 익숙한 리허설 홀이라는 공간에서 작품을 보는 것은 3학년의 교과 프로그램과 관련된 그들 작업의 대단한 단계를 완성하는 것이다.

[12] 행동 총보

악단이 악기 또는 목소리에 특정 파트를 정해서 작곡가가 만든 음악 총보를 연주하는 것과 같이, 극단도 배우에게 작품의 총보에 근거하여 무대 작품을 연기하도록 한다. 작품의 총보는 사건의 논리와 일관성, 무대적 투쟁의 발전을 확고히 한다. 배우는 이러한 사건과 투쟁에서 자신의 행동 논리와 일관성을 훌륭하게 자기화해야만 한다. 이 모든 것은 배우로 하여금 작품의 일관된 행동 및 각각의 등장인물의 구현을 위한 준비를 하도록 한다.

작품 및 개별 역할의 총보를 만드는 것은 어떠한 독자적인 작업 단계가 아니다. 이것은 역할 및 희곡에 대한 작업의 전(全) 과정에 걸쳐 형성된다. 기나긴 탐색과 시도의 결과 가장 명확한 행동의 논리가 선택되었고 이것은 차후 총보에 기록된다. 여기서 작은 행동은 큰 행동에 의해 흡수되고, 큰 것은 보다 큰 행동에 의해 점차로 배우로 하여금 끊임없이 흐르는 역할의 삶에 대한 통일된 느낌으로 이끌려간다. 이러한 창조적 통합이 일어나지 않는다면, 배우는 많은 개수의 역할의 행동과 사실 속에서 길을 잃을 위험이 있으며 역할 자체는 작은 조각으로 흩어지게 될 것이다.

다행히도 스타니슬랍스키의 방법은 이러한 재난으로부터 우리를 지켜준다. 역할을 습득해 갈수록 배우의 의식은 형상의 핵심을 이루는 중심에 집중하기 위해 점차 부차적인 과제로부터 해방된다. 다른 모든 직업에서도 동일한 과정을 볼 수 있다. 예를 들어, 어려운 피아노 협주곡을 준비해야 하는 피아니스트도 마찬가지인데, 처음에는 어떤 손가락으로 피아노의 건반을 누르는 것이 더 편할지 의식적으로 생각하며 개별적인 음부의 결합 작업을 시작한다. 그리하여 악절의 수많은 반복 후에 다른 것과의 결합을 통한 끝없는 반복으로 인해, 그는 이제 개별적인 손가락과 개별적인 음부에 대한 생각을 중지하게 된다. 연주 기술은 점차로 자동화되고, 피아니스트는 몇몇 음의 결합에서 완성된 작품의 구절로 넘어가고, 그 다음은 이미 총보의 구성을 총체적으로 느끼며 더 큰 부분으로 넘어간다.

이와 마찬가지로 배우 또한 작업의 특정 단계에서 작은 행동과 그것의 적응에 관심을 기울이기를 중지하고, 보다 더 큰 역할의 단편들을 이해하면서 점차적으로 예술적인 무의식의 영역으로 넘어간다.

역할이 여러 개의 구성 부분으로 나누어지는 시기는 배우가 인물의 형상을 느끼는 것과 아직 거리가 있다. 모든 완성된 행동, 생각, 미장센의 내적 시각 등이 하나의 통합체로 모이기 시작하여 끊임없는 발전의 선을 이루게 될 때야 비로소 인물 형상에 관해서 말할 수 있다.

> 예술은 끊임없이 뻗어나가는 소리, 목소리, 그림, 움직임의 선이 형성되는 시점에 잉태된다. 아직까지는 음악 대신에 개별적인 소리, 비명, 음, 환성이, 그림 대신에 개별적인 도면이나 점이, 움직임 대신에 개별적인 경련성의 잡아당김만 존재한다. 아직까지는 음악, 노래, 그림, 회화, 무용, 건축, 조각, 그리고 무대 예술에 대한 이야기가 성립할 수 없다. (3권, 45쪽)

여러 가지의 신체적 및 언어적 행동이 작품 전체에 걸쳐 끊임없이 뻗어나가면서 역할의 일관된 하나의 행동선으로의 점차적인 결합은 배우의 가장 중요한 창조적 목표를 구성하는 과정이다. 배우는 역할 및 전체 작품의 총보를 만들면서, 보다 더 자신의 무대 행동 논리와 일관성을 확고히 하고, 구현되는 형상의 일관된 행동 및 초목표의 획득을 향해 한 발짝 더 가깝게 다가간다.

따라서 총보를 기록할 줄 알아야 한다. 이것은 명확한 공식의 탐색으로써 무대적 사건과 투쟁의 본질을 향해 보다 더 깊이 뚫고 들어가는데 도움이 되기 때문이다. 이것을 달성하기 위해 학생들에게 리허설 과정 전체를 창조 일지에 반영하도록 가르치는 것이 중요하다. 역할 작업에 들어가면서 학생들은 실제 수업의 진행 과정에서 분명해지는 모든 것을 일지에 기입하기 시작한다. 처음에 이것은 희곡의 사실, 기초적인 신체적 행동으로부터 제시되는 희곡의 외적 상황이며, 차후 이것은 독자적인 짧은 전망을 획득하게 되고 마치 다른 것들과는 별개인 것처럼 수행될 것이다.

〈지혜의 슬픔〉에서 리자 역의 배우는 자신의 행동을 다음과 같이 기록하였다고 가정하자.

1. 옆방에서 음악 소리가 그쳤기 때문에 소파에서 잠을 깬다. 즉시 정신을 차리지 못한다.
2. 두꺼운 커튼 사이로 햇살이 비치는 것을 깨닫는다.
3. 이 방에 오게 된 이유와 이렇게 불편한 자세로 자게 된 이유를 떠올린다.
4. 시간을 보고 늦잠을 잤다는 것을 알게 된다.
5. 옆방에서의 밀회와 다가올 위험에 대해 떠올린다.
6. 소피야의 방문으로 급히 달려가 귀를 기울이고 연인들이 아직도 거기에 있다고 확신한다.
7. 조심스럽게 방문을 두드린다. 그들에게 경고한다.
8. 다시 귀 기울이고 한 번 더 문을 두드린다.
9. 대답을 기다리는 동안 다른 쪽 문에서 파무소프가 나타날지 쳐다보고 그 쪽으로 간다.
10. 소피야와 말찰린을 재촉하기 위해 다시 소피야의 방문으로 돌아온다.
11. 그들의 느릿함을 보다 결단력 있게 행동하게끔 만든다.
12. 소피야의 반격을 받자 그 다음 무슨 일을 할지 생각한다.
13. 의자 위에 올라서서 시계 뚜껑을 열고 바늘을 앞당겨 놓는다. 시계의 음악이 울리기 시작한다.

이 모든 작은 행동들을 자기화하고 완성한 이후 배우는 이것들 각자에 대해 생각하는 것을 멈춘다. 작은 행동들은 배우의 의식 속에서 자연스럽게 보다 큰 행동으로 결합되기 시작하고 이들의 목록은 줄어들기 시작한다. 일지 속의 기록은 시간이 갈수록 보다 간결해진다. 그것은 다음과 같다.

> 깨어나서 이미 아침이라는 것을 인식한다. 이것에 대해 연인에게 경고
> 한다. 그들을 재촉한다. 실제의 또 가짜의 위험으로써 그들을 놀래게 만
> 든다.

이후에 그녀는 주인 앞에서 자신의 무죄를 주장하고 그의 의심에서 벗어나려 애쓰는 한편 그를 거실에서 밀어내고 소피야와 말찰린의 이별을 재촉한다.

작업의 다음 단계는 이후의 행동에 대한 보다 큰 집중이 필요하다. '주인님의 분노와 아가씨의 사랑'은 리자로 하여금 어떻든 위험으로부터 피하려는 한 가지 소원으로 귀결된다. 여기에서부터 좀 더 이후의 역할의 전망이 제시된다. 전망은 결국 리자의 행동, 리자와 주위 인물들과의 상호관계, 그리하여 그녀의 행동 자체의 성격을 결정한다. 내일 당장 주인의 변덕으로 인해 집에서 쫓겨날 수도 있는 무력한 농노인 그녀는 주인의 정부, 아니면 비서가 되는 것 외에는 아무 방법이 없으며, 그래서 그녀를 위협하는 '괴로움'을 극복하기 위해 교활하게 굴든지, 몸을 빠져나가든지, 비참하게 관용을 빌어야 하는 수밖에 없다.

그러므로 역할의 총보를 만들 때 우리는 동시에 일관된 행동의 선을 따라가는 역할의 전망 또한 감지해야 하는데, 여기서 전망을 명확히 하여 보다 더 심오한 행동의 정당성을 찾아내야 하는 것은 '일관된 행동'의 문제와는 별개이다. 전망은 배우의 가까운 목표만 결정할 뿐이며 역할의 초목표는 결정하지 못하기 때문이다. 왜냐하면 인물형상에 대한 발전의 모든 길이 보이기 시작할 때, 다른 전망과 역할의 형성자인 배우 자체의 전망에 대한 문제가 발생하기 때문이다.

3
공개 발표

    연극학교의 3년차 말경에는 배우 예술의 기반에 대한 전반적인 지식을 얻게 된다. 3학년 기말 발표 기간에 '자신에 대한 배우의 작업' 및 '역할에 대한 배우의 작업' 전체를 결산한다. 이 작업의 결과는 졸업 공연에서의 역할에 대한 연기를 보고 평가한다. 이때 학생들에게는 창조의 유기적인 법칙에 근거하여 인물형상 속에서 행동하는 능력이 요구된다. 이것은 역할의 삶의 상황 속에서 유기적이어야 하는 것뿐만 아니라, 무대에서 진실로 생각하고, 느끼고, 행동하는 사람으로 존재하며 해당 인물 고유의 행동의 형상을 구현하는 것을 의미하는 것이다.

    이러한 과제의 해결을 위해 학생들은 3학년 과정 전 기간 동안 희곡에 대한 작업의 모든 길을 지나가는 것이 필수적이다. 학년말의 희곡은 행동을 위해 필수적인 의상과 소도구와 함께 세트가 갖추어진 리허설 장소에서 전적으로 또는 부분적으로 보여야 한다. 그러나 공연이 무르익지 못하고 리허설 홀의 시연에서 잘 소화하지 못했다면, 학생 공연을 무대로 강제적으로 옮기는 것은 바람직하지 못하다. 또한 3학년 프로그램에 대한 작업의 결과를 평가할 때, 전문적인 기술의 습득정도와 장래 배우로서의 재능을 체크하는 것 또한 필수적이다.

공개 발표에서 학교에 입학한 목적이라 할 수 있는 자신의 예술적 재능을 전적으로 드러낼 수 있다면 정말 잘된 일이다. 하지만 이것만으로 3학년에서의 학생의 작업에 대한 점수를 결정할 수 없다. 3학년 공연에서 학생이 이미 전문성을 드러낼 수 있다면 이것 또한 좋은 일이다. 그러나 우리가 학생에게 그러한 요구를 할 권리는 단지 4학년의 졸업 공연 작품에서만 가능하다. 3학년에서의 공개 발표—이것은 아직까지 메소드의 습득에 대한 시험이다. 연기교육자와 학생 배우는 이것에 대하여 우선적으로 주의를 기울여야만 한다.

작업의 결과에 따라 배우가 어떻게 성숙되었는지, 어떤 방향에서 그의 재능이 발전되었는지를 평가하는 것이 중요하다. 즉 배우가 자신의 창조 작업을 단체의 요구에 복종시킬 수 있는가, 작품의 사상적 및 예술적 완결성에 손해를 끼치며 자기 자신에 대해서만 걱정하는가, 배우가 파트너와 협력하여 자신을 배치시킬 수 있는가 혹은 관객석에 의해 직접적으로 좌우되는가, 작품 전체의 성공에만 관심을 가지는가 혹은 작품 속에서 자신의 역할에만 관심을 가지는가 등이다. 여기서 예술적 측면은 사상적, 도덕-윤리적 기준과 긴밀하게 연관되어 있다.

진실하고 수준 높은 예술의 선을 따라 가는 모든 것을 장려할 필요가 있는 반면, 진실된 배우로서의 매력과 능력으로 위장을 하고 있다면 떡잎일 때부터 가장과 상투성의 싹을 자름으로써 그 어떤 가장과 상투성이 발현하지 않도록 싸울 필요가 있다. 그렇지 않으면 학교는 자신의 창조적 얼굴을 상실하고 자신의 가장 중요한 목표를 수행할 수 없게 된다.

한편 3학년에서도 여전히 정기적인 트레이닝 작업이 계속되기 때문에 '자신에 대한 배우의 작업'을 가르치는 것을 목표로 하고 있는 한, 공개 발표에 '배우의 화장실'을 도입하는 것은 원칙적인 의미를 가진다. 3학년의 프로그램적 요구사항에 의거하여 '배우의 화장실'의 형태는 이전의 두 학년의 내용과는 달라야만 한다. 그래서 공개 발표는 학생이 창조를 위해 어떤 방법을 사용하여 자신의 정신적, 신체적 기관을 준비시켰는지 설명할 수 있도록 '배우의 화장실'에서부터 시작하는 것이 바람직하다.

간혹 무대로 나가기 전에 배우는 자기 암시로써 자신 속에 필요한 창조적 자감을 불러오도록 노력하든지 아니면 기계적으로 자신을 자극시키려 할 수도 있다. 어떤 경우든 이것들은 별 도움이 되지 못한다. 스타니슬랍스키의 배우는 자신의 창조적 본질을 행동으로 불러냄으로써 보다 명확한 조정 방법을 보유하고 있어야만 한다. 공개 발표에서는 창조를 향한 이러한 준비과정을 보여주어야 하는 것이다.

특히 중요한 것은 공연을 위한 작업이 3학년 1학기에 이미 완결되기를 요구해서는 절대로 안 된다. 이것은 학생과 교육자로 하여금 메소드에 대한 깊은 연구가 아니라 단순한 기능공이 되도록 밀쳐내는 것이다. 그러므로 3학년 1학기 때의 공개 발표에서는 아직 완성되지도 않은 작업의 결과가 아니라 오로지 작업의 과정, 즉 희곡의 재료 속에서 메소드 습득의 단계에 대해서만 판단하면 되는 것이다.

그리하여 배우로 하여금 결과에 대한 위험한 강요로 내몰아 아직 성숙되지도 않은 역할을 연기하도록 강요하지 않기 위해 항상 학년말 공개 발표에서만 평가한다는 것을 학생들에게 명확하게 말해주어야만 한다. 따라서 차후의 공연을 위한 준비로써 희곡을 통한 에튜드, 희곡의 행동에 대한 분석, 지문이 없거나 있는 경우라도 신체적 행동의 논리에 따라 하나의 막을 연기하는 것이 그 예가 될 수 있을 것이다. 달리 말하면, 이것은 무대 작업 메소드에 대한 연구의 특정 단계를 획득하는 것이다.

4학년

1

수업 내용

4학년 교육은 졸업 작품 준비와 공연을 위한 것이다. 4학년 교육은 이전의 3학년까지 배웠던 모든 것을 실전에서 공고히 해야 한다. 다양한 연극적 재료 속에서 무대 작업 메소드의 자기화는 계속된다. 아울러 보다 더 독립적인 작업의 측면을 넘나드는 배우의 기술적 요소에 대한 트레이닝 또한 계속된다.

그러나 3학년 교육과는 달리 4학년 과정은 특별한 특징이 있다. 그것은 작품의 무대로의 이동과 수많은 관객에게 보여주는 일과 관계된다. 무대로의 등장과 관객과의 접촉은 배우를 새로운 창조 조건 속에 처하게 한다. 익숙한 실기실의 무대 장치 속에서 행위하는 것과 무대에 등장하여 관객의 면전에서 형상을 통해 행위 하는 것은 완전히 다른 것이다. 무대에서는 수많은 관객의 눈앞에서 유기적인 과정의 모든 섬세함을 유지해야하고, 자신의 예술로써 관객을 물들이고, 관객을 창조과정의 참여자로 만들 필요가 있기 때문이다.

따라서 공개 공연에서는 학교에서 습득한 숙련을 확고히 해야만 한다. 그렇지 않으면 극장에서의 공연이라는 흔치 않은 조건에 의해 어린 배우들은 강요된 기능공적인 숙련을 터득하게 된다. 사실상 관객석이라는 것은 배우를 분발하게 만들기도 하지만 초보 배우의 창조를 무력하게도 만들며, 쓸데없는 긴장을 불러일으킬 수도 있고, 리허설 작업과정에서 확고히 되었던 자감을 파괴할 수도 있다.

아울러 관객석과 영합하려는 유혹도 발생한다. 뒷좌석까지 자신의 목소리가 들리지 않을까 염려하며 목소리에 힘을 주기 시작하고, 행동의 논리를 단순화시키기도 한다. 그리고 자신을 이해하지 못할 수도 있다는 두려움에 행동을 구겨버리며 서두르거나, 관객이 지루하지 않도록 하기 위해 역할의 가장 과장적인 면을 제공하기도 한다. 이때 배우에게 있어서 관객이 관심의 근본적인 대상이 되고 관객의 마음에 들어야겠다는 소망이 주목표가 되는 것이다.

그리하여 작품을 무대로 옮길 경우 교육자는 어린 배우들을 탈골되지 않도록 보호하고, 연극적 창조의 복잡한 조건을 극복하도록 돕고, 리허설에서 획득했던 모든 것들을 잃지 않고 관객석까지 도달할 수 있도록 도와주어야 한다. 다시 말하면 관객이 배우를 자신의 역량 하에 두는 것이 아니라 배우가 관객석의 주의를 끌어올 수 있도록 가르쳐야 한다.

이처럼 새로운 창조적 과제의 해결과 관련된 작업 이외에 4학년 과정에서는 학생 구성원들을 위한 교육 작업에 특별한 관심을 기울일 필요가 있다. 이때 상급생들의 외모와 행동에 경탄할 만한 변화가 일어나는 경우가 많다. 그들은 이미 극장에 한 발을 담가 보았고, 영화 쪽으로 데리고

가려는 시도도 있고 몇몇은 이미 배우로서의 성공을 맛보았고 남성이나 여성 팬들을 가지고 있기도 하다. 어제의 소년, 소녀들은 자신을 어른이라 느끼고 학교 체제는 그들에게 부담이 된다. 경험에 따르면 이 시기에 이전 학년에서 교육자에 의해 획득하게 된 것들을 쉽게 놓칠 수가 있다.

어쨌든 학교에서 무대로의 이동 및 열린 공개적 공연의 시작과 함께 규율과 윤리에 대한 요구 또한 막대하게 증대되었다. 이 순간부터 공연 수행 및 공연의 성공에 대한 책임감이 전적으로 학생 구성원들에게 맡겨진다. 작품에 학년 전체가 참여하기 위해서는 실전에서의 판단뿐만이 아니라 교육적인 판단에서도 합리적이어야 한다. 그래서 중요 역할을 맡지 못한 사람은 군중 장면에 들어가거나 작품의 정상적인 흐름을 도와주는 무대 전환, 음향 담당, 조연출 등으로 참여해야 한다. 이와 관련하여 스타니슬랍스키는 다음과 같이 기록하고 있다.

> 작품의 외적이며 조직적인 부분이 올바르게 흐르게 하기 위해 우리의 창조집단에는 어떤 조직, 어떤 모범적인 질서가 설정되어 있는가.
> 내적이며 창조적인 측면은 보다 더 큰 질서, 조직, 규율을 요구한다. 이와 같이 섬세하고 복잡한 영역 속에서의 작업은 우리의 정신적 및 유기적인 본성이라는 엄격한 법칙에 따라 진행되어야 한다.
> 이 작업이 공개적 창조라는 매우 힘든 조건 속에서, 특히 복잡하고 힘든 무대 뒤 작업의 환경 속에서 진행된다는 점에 주의를 기울인다면, 공동의 외적이며 정신적인 규율에 대한 요구 수준이 아주 높다는 점이 명확해 질 것이다. 이것 없이는 시스템의 모든 요구사항을 무대에서 수행할 수 없다. 무대에서 창조자의 무대적 자감을 파괴하거나 극복할 수 없는 외적 조건에 의해 시스템은 파괴될 것이기 때문이다. (3권, 240쪽)

집중, 무대 뒤의 질서, 무대에 대한 가슴 떨리는 경건한 자세, 집단 창조의 참여자들 서로간의 상호 관심과 존경, 작품의 성공에 대한 그들의 공통 관심－이 모든 것은 학생 작품의 진행에 있어서 반드시 획득되어야만 하는 것이다. 이것이야말로 창조를 위한 기분 좋은 형성을 도와주고, 단체 속에서 자신의 성공을 만들 줄 알고, 자신의 성공을 집단 전체의 성공의 일부로 간주할 수 있게 만든다. 그러므로 진정한 배우를 교육하는 데 있어서 이것은 반드시 필요하다.

2

무대로의 이동

무대적 창조의 조건은 관객이 극장에 있다는 사실뿐만 아니라 배우가 바로 그 무대에서 만나게 될 새로운 상황에 의해 결정된다. 익숙한 리허설 환경에서 배우는 장치, 장식, 소도구로 가득 찬 넓은 장소와 만난다. 배우는 자기 위에 걸려 있는 천정, 배경, 측면 무대장치를 보고, 아래로는 오케스트라 좌석, 무대 마루의 구멍, 낭떠러지를 본다. 탐조등과 각광의 눈이 멀 것 같은 불빛이 배우에게 향한다. 그가 말하는 텍스트 소리와 소음도 병행한다. 얼굴에는 기름기 있는 분장이 덮여 있고, 머리는 가발이 조이고, 얼굴 표정을 짓누르는 무엇이 풀로 붙여져 있다. 무대 예술의 마무리 요소들이 창조에 방해가 아니라 도움이 될 수 있도록 해야 하는데, 처음에는 어떻게 사용해야 할지 알지도 못하는 소도구 등의 물건들로 가득 차있다. 배우는 이 모든 것들을 자기화하고, 익숙해지고 완전무결하게 습득해야 한다.

간혹 이러한 마무리 요소들이 1학년 때부터 학생 발표 때에 사용되는 경우도 있다. 이것은 학생들의 첫 번째 출연 때, 그들의 견고하지 못한 자감을 확고히 해주기 위해서 행해지기도 한다. 그러나 이러한 성급함이 항상 합리적이지는 않다. 왜냐하면 연기교육자 입장에서 보면 어린 얼굴 위의 급히 골라잡은 가발과 서투른 분장, 풀칠은 조잡하고 가짜인 것처럼 보이고, 극장 의상실에서 빌려온 우연한 의상은 학생의 첫 번째 시도를 극장의 공연 비슷한 것으로 변모시키고자 하는 시기상조의 소망에서 비롯된 아마추어라는 인상을 심어 주기 때문이다.

분장과 의상에 의해 어느 정도까지는 학생의 결점을 감출 수 있고, 연출적인 방법과 무대 효과로써 학생의 경험부족을 가릴 수는 있다. 하지만 과연 연극학교의 목표가 여기에 있는가? 잘 알려진 것처럼, 성공적인 분장, 의상, 무대 효과적인 속임수는 형상의 잉태를 재촉하는데 도움이 되고, 배우에게 예상치 못한 새로운 해결책을 암시해 줄 수도 있다. 그러나 무엇보다도 형식의 시기상조적인 고정은 역할 속에서 배우의 창조적이고 자연스러운 성장을 지연시키고, 아직 익지도 않은 과실의 성숙을 인위적으로 강압하는 것이다.

또한 첫 번째 발표 때의 분장과 의상에 대한 대충함과 성급함은 학생들에게 형상에 대한 작업이라는 아주 중요한 단계에 있어서 책임감을 키워주지 못한다. 이에 대해 스타니슬랍스키는 다음과 같이 말한다.

표현되는 사람—역할의 정신뿐만 아니라 신체적 형상을 찾기 위한 힘든 여정을 지나본 사람만이 각각의 특징, 세부사항, 무대에서 살아 있는 존재와 관련된 사물의 의미를 이해할 수 있다…… 배우에게 있어서 인물형상을 위해 찾아진 의상이나 물건은 단순한 사물이기를 중단하고 선물로 변모한다…… 유명한 배우인 마르티노프는 자신의 프록코트를 입고 극장에 왔다. 그리고 그 프록코트를 인물의 의상으로 입고 연기하였다. 연기가 끝난 후 그는 탈의실로 가서 그 프록코트를 벗고 옷걸이에 걸어두었다. 그에게 있어서 그 프록코트는 단순한 프록코트가 아니라, 그가 표현하고자 하는 인물의 의상으로 변모한 프록코트였다. 이 순간을 결코 단순히 배우의 의상입기라고 불러서는 안 될 것이다.

이때 그의 의상을 갖추는 것은 지극히 중요한 심리적인 순간이다. 이것이 바로 배우가 역할의 의상 및 물건을 어떻게 사용하고, 어떤 태도를 가져야하는가 하는 것이다. 아울러 그가 그것을 얼마나 사랑하고 소중히 여기는가에 따라 진정한 배우인지 여부를 쉽게 알아볼 수 있다고 한 까닭이다.

그리하여 배우는 이러한 대단한 존경, 애정, 관심을 가지고 자신의 분장에 임해야 한다. 그것은 얼굴에 기계적으로가 아니라, 심리적으로 역할의 정신과 삶에 대해 생각하며 분장을 해야 함을 의미한다. 그때 비로소 얼굴에 새겨진 보잘 것 없는 주름 하나도 삶 자체로부터 자신의 내적 권리를 획득하게 되는 것이다. (3권, 252-254쪽)

배우에게 분장, 의상, 소도구에 대한 창조적인 태도를 길러주기 위해 정확한 예술적 결과에 도달하게 해주는 집요한 관심을 가지게 할 필요가 있는데, 이것은 역할의 외적 형상으로의 관심을 뜻한다. 보통의 경우에 분장과 의상은 마지막 학년에서 무대적 형상의 형성 과정에 대한 연구가 끝나고 난 후 작품의 무대로의 이동시 행해진다. 분장수업이나 문화·역사 수업에서 분장과 의상에 대한 필수적이고 최소한의 지식과 숙련은 학생들에게 역할의 분장과 의상의 형성에 직접적으로 참여할 수 있도록 해주고, 아울러 인물형상으로의 변신을 완결 지을 수 있도록 해준다.

그리하여 담당교육자는 작업의 결과 배우의 상상 속에 자리 잡은 것을 고려하지 않고 자신의 판단대로 분장과 의상을 배우에게 지시해서는 안 된다.

> 생판 모르는 남의 초상화를 받아들이고, 그의 외모를 취하라고 지시하는 일이 결코 있어서는 안 된다…… 배우에게 자신 속에 자리 잡은 형상의 머리를 자기 손으로 떼어내고, 그 자리에 낯설고 미운 이방인의 새 머리를 붙여 놓는 일 말고는 아무것도 남아 있는 것이 없다. 하지만 배우가 죽어버린 마스크를 통해 그의 마음속에 살고 있는 따뜻한 감정을 과연 드러낼 수 있겠는가? (1권, 429쪽)

분장은 결코 죽어버린 또는 배우의 얼굴을 감추는 마스크로 변형되어서는 안 된다. 분장예술은 아마추어가 생각하듯 무대에서 못 알아보도록 만드는 것이 아니라, 가장 섬세한 재료로써 배우와 형상의 근접성을 강조하고, 이것을 방해하는 모든 것을 눈에 띄지 않게 완화시키는 것이다.

이처럼 분장과 의상을 통한 역할 속 배우의 모든 외적인 모습의 최종 판결은 다양하게 비추는 조명과 그 음조 속에서 그리고 그를 위해 특별히 만들어진 무대 장식의 배경 속에서 이루어진다. 그리하여 이것은 일정한 거리의 관객석으로부터의 검열로 최종 판결된다.

스타니슬랍스키는 다양한 창조적 목표가 해결되는 공연에 대한 작업의 두 단계(연습실에서의 리허설과 극장에서의 공연)를 지적하고 있다. 연출가와 함께 학생의 공연 작업은 리허설 장소에서 작품 전체를 연습한다. 이때 무대 울타리, 소도구 물품, 의상의 세부적인 것 등의 필수적인 것 이외의 그 어떤 외적인 마무리는 필요치 않다. 이를 테면 모든 종류의 무대 효과, 분장, 특수 조명, 음악적 마무리 등은 중요한 것으로부터 관심을 분산시킬 뿐이다.

만약 배우로 하여금 자신의 역할이 견고하게 확립되고, 공연이 관객들에게 보여주기 위해 잘 익은 것이라면, 작품은 이제 모든 공연이라는 과제가 해결되어지는 무대로 조심스럽게 옮겨진다. 이때 배우는 익숙한 방안에서의 자감과는 달리 무대적 자감을 확립해야 한다.

극장이라는 공간을 자기화하는 것은 기술적 과제일 뿐만 아니라 대단한 창조적 과제이다. 앞서 언급했듯이 스타니슬랍스키는 무대 디자인 및 미장센에 대한 탐구를 통해 일관된 행동과 초목표의 요구에 부응하는 최대의 수준으로 배우를 이끌었다. 유기적인 창조 예술을 위한 무대적 환경 ─이것은 '배우가 무대에 있음'을 확고히 하고, 무대적 존재에 대한 배우의 믿음을 강화시키도록 촉구하며 제시된 것이다. 전형적인 환경으로부터의 시간과 공간 에서 살아 있는 사람의 형상을 만드는 것은 쉬운 일이 아니다. 이러한 무대적 환경은 인물형상의 추가적인 특징 묘사로 작용하며 배우의 행동에 큰 영향을 미친다.

예를 들어, 고골의 콜류쉬킨을 살림 잘하는 코로보취카의 쾌적한 영지로 이주시키고, 코로보취카는 방치되고 몰락한 콜류쉬킨의 저택으로 이주시킨다면, 이것은 콜류쉬킨은 물론 코로보취카의 인물형상을 왜곡시키는 것이다. 그러므로 스타니슬랍스키의 관점에서 무대 환경의 구체화는 연출의 능력 뿐 아니라 배우의 창조에서 지극히 중요한 고리이다. 배우는 무대에서 직접적으로 접촉하게 되어 인물형상 속에서 필요한 신체적 자감을 형성하는 데 도움이 되는 모든 무대적 환경을 소중히 여겨야 하는데, 이때 무대적 환경은 배우에게 영향을 미치는 추가적인 집합체를 형성한다.

A.D. 코포프는 〈벚꽃 동산〉 3막에서 O.L. 크니페르-체호바가 영지를 팔라고 권유하는 장면에서 왜 항상 진짜 눈물을 흘리게 되느냐는 질문에

대해 스타니슬랍스키의 흥미로운 대답을 인용했다.

> 이러한 내적 체험은 일련의 특정 사실들과 병행한다는 점에서 관심을
> 기울이기 바란다. 배우는 항상 똑같은 옷을 입고, 항상 파트너의 '벚꽃
> 동산은 이제 나의……' 이라는 말을 듣는데, 그런데 항상 여기에서 왈츠
> 〈도나우의 물결〉이 울린다. 이와 같이 그녀가 모든 무대적 조건 속에서
> 포로로 잡혀있을 때, 그녀는 이미 눈물을 흘리지 않을 수 없게 된다. 그
> 런데 어느 날 객연에서 오케스트라가 악보를 가지고 오지 않아 다른 왈
> 츠를 연주하게 되자, 크니페르는 이 공연에서 울지 않았다. 자, 주변을
> 둘러싸고 있는 무대적 분위기와 주변 요소들이 어떠한 힘을 가지고 있
> 는가.[19)]

코포프는 1913년 그 당시 스타니슬랍스키의 천재적인 발견을 제대로
평가하지 못했지만, 오늘날 I.P. 파블로프의 연구에서 스타니슬랍스키의
천재성은 뚜렷이 드러난다.

---

19) 코포프 A. 『연극에 대한 대상과 생각』, BTO, 1963, 93쪽.

3

역할의 위생

파블로프의 연구에서 조건반사에 대한 점차적인 쇠퇴의 법칙은 우리에게 잘 알려져 있다. 동일한 현상은 무대 예술에서도 관찰된다. 동일한 말이나 행위가 끊임없이 반복될 때 유기성은 기계적인 습관, 암기된 행위나 억양, 역할의 외적인 그림이라는 형식적인 수행에 쉽게 자리를 내준다.

이러한 위험성은 금방 나타나지는 않는다. 관객과의 첫 번째 만남은 배우로 하여금 떨리게 만든다. 아울러 뜻밖의, 미리 생각하지 못한 경우에 대한 관객석의 반응은 배우에게 강력한 흥분제가 되기도 한다. 하지만 시간이 흐를수록 반응은 익숙해지고 더 이상 영향을 미치지 않게 된다.

매번 창조의 신선함을 유지하려는 배려만이 역할의 생기를 잃는 위험성을 예방할 수 있을 것이다. 스타니슬랍스키는 이것을 역할의 위생이라고 불렀다. 역할의 위생은 무엇보다도 배우가 자신의 등장을 어떻게 준비하는지, 무대로 나가기 전에 어떻게 자신을 정돈하고 조정하는가와 관련이 있다. 스타니슬랍스키는 이와 관련하여 다음과 같이 말한 바 있다.

> 배우들은 무대로 늦게 나가게 될까봐 두려워한다. 몸치장과 분장이 덜된 채 정신없이 무대로 나가게 될까봐 두려워한다. 그러나 정작 우리는역할의 내적 체험 과정의 시작에 늦을까봐 두려워하지 않으며, 일체의내적인 준비도 없이 텅 빈 영혼으로 무대로 나간다. 자신의 영혼의 발가벗음에 대해서는 전혀 부끄러워하지 않는다. (1권, 303쪽)

위대한 배우들은 이러한 준비에 몇 시간을 소비하며 자신의 하루 일정을 이러한 준비에 맞춘다. 그러나 초보 배우들은 일체의 내적 '몸치장' 없이 이러한 것을 해결하는 경우가 많다. 이것은 어쩌면 자신이 필요성을느끼지 못해서가 아니라 할 줄 모르기 때문이다. 스타니슬랍스키는 학교작업에 있어서 교육자의 지도하에 막 앞에서 집단적인 '몸치장-조율'을 시도할 것을 권장한다.

창조를 위해 자신을 조율하는 것, 그러나 이것은 자신 속에서 꺼져 들어가고 있는 감정을 되살려 내려고 애쓰며 자신의 마음속 깊이 들어가라는 뜻이 아니다. 오히려 이것은 배우로 하여금 무대에서 주위 환경 및 파트너의 행동 속의 미세한 변화조차 포착해 낼 수 있는 능력을 지원해 주는 것으로써 모든 감각 기관에 대한 조율을 의미한다. 이러한 변화에 대한 정확한 계산은 그것을 능숙하게 사용할 경우, 수행되는 역할을 소생시킬 수 있는 새로운 요소들을 가져온다. 배우가 창조 작업을 반복 할 때마다 반드시 발생되는 새로운 자극제를 사용하는 법을 배운다면 유기적인과정은 유지될 수 있다.

인간에 대한 현대 학문은 이것을 '힘의 관계 법칙'을 깨뜨리는 흥미로운 현상으로 간주한다. 동물과 사람에게 있어서 새로운 자극제는 강하며 이미 여러 번 적용된 것보다 더 큰 효과를 낸다. 새로운 자극제는 고등 신경활동의 특별하고 강력한 요소이다. 이것은 반복이 거듭될수록 조건 및 무조건 반사의 부분적인 쇠퇴와 함께 '제동(브레이크를 거는 것)'의 과정과 밀접한 관련이 있다.

배우와 그 예술적 기술을 위해 생리학자들이 밝혀낸 이러한 법칙성의 의미를 재평가하는 것은 어려운 일이다. 새로운 그리고 오늘의 자극제를 사용한다면, 배우는 역할의 실행에 있어 새로움의 요소를 매번 가져올 수 있는 현실적인 가능성을 획득하게 될 것이고, 동일한 언어, 미장센, 가정된 행동의 논리를 수없이 반복할 경우에도 즉흥적인 자감을 유지할 수 있을 것이다.

배우는 오늘 새로운 자극제를 작품의 과정에서 파트너 및 주위 무대 환경과의 상호작용의 과정에서 발생하는 우연성뿐만 아니라, 삶 자체로부터 제공되는 인상 또한 이용한다. 이에 대해 스타니슬랍스키는 다음과 같이 말한 바 있다.

> 매일 자신과 함께 새로운 무엇인가를 가져와라. 예를 들어, 어제는 비가 왔는데 오늘은 햇살이 비친다. 어제는 죽을 먹었는데 오늘은 비프스테이크를 먹는다 등이다.

많은 사소한 일, 많은 외적, 내적 상황들이 우리의 기분과 인식을 바꿔준다. 자신의 창조를 항상 신선하게 만들기 위해 바로 이런 것들을 활용해야만 한다.

한편 역할의 텍스트를 정신없이 지껄이지 않기 위해 매번 창조 작업 시작 전에 내적 시각의 영화필름을 갱신하고, 항상 '오늘의 단면'속에서 그것을 풍요롭게 만들어야 할 필요가 있다. 이와 관련하여 스타니슬랍스키는 다음과 같이 기록하였다.

> 오늘 갱신된 내적 시각은 오늘 작품 속에서 배우의 말의 새로운 뉘앙스와 억양에 영향을 미친다. 나는 특히 '영향을 미친다.'라는 단어를 힘주어 강조한다. 왜냐하면 내적인 '영화필름'은 말의 억양을 자연스럽게 불러내고 정당화 시켜주기 때문이다. (3권, 444쪽)

4학년 프로그램에는 준비된 역할을 반복하지만, 결코 동일하게 반복하지 않는 능력을 만드는데 도움을 주고, 숙지한 텍스트를 어제 식으로가 아니라 오늘 식으로 말할 수 있는 능력을 만드는데 도움을 주며, 오늘의 인상의 새로움으로 행동과 생각의 논리를 갱신할 수 있는 능력을 만드는데 도움을 주는 트레이닝을 위한 연습 과제가 반드시 포함되어야 한다. 이러한 수업에서는 무대에서 무뎌지거나 아예 사라지는 경향을 가지고 있는 것을 확고히 하고 발전시키는 것이 특히 중요하다. 그것은 바로 이미 알고 있는 행동, 지각의 순간, 방향 설정, 파트너와 교류의 시행 시 적응의 새로움 및 우선성, 내적 시각의 형성, 인물형상 속에서 일어나는 사유의 과정 등을 포함하고 있다.

4

일관된 행동 및
초목표에 대한 검사와 정착

역할의 창조적 신선함의 유지, 역할의 사상적, 예술적 가치의 유지에 있어서 가장 중요한 조건은 초목표 및 일관된 행동에 대한 배우의 끊임없는 고민이다.

무대에서 리허설을 통해 관객과의 첫 만남은 희곡과 역할에 대한 새로운 느낌과 새로운 이해로써 배우를 풍성하게 해준다. 그리고 분장, 의상, 무대장치, 조명, 기타 마무리 요소들은 배우의 상상력에 보충음식을 제공해 준다. 첫 번째 관객의 반응은 3자의 입장에서 행해진 작업을 평가할 수 있도록 도와주고, 간혹 중요한 수정을 요하기도 한다. 스타니슬랍스키에 의하면 일관된 행동은 즉각적이 아니라 점차적으로 명료해지며, 배우가 일관된 행동 및 초목표에 대해 이해했다고 최종적으로 확신할 수 있는 시점은 무대에서 자신의 역할을 일관성 있게 연기한 그 순간이라고 자주 말한 바 있다.

배우의 연기에 대한 관객의 엄청난 영향에 대해 입센의 등장인물인 쉬토크만 의사 역할을 맡은 바 있는 스타니슬랍스키의 작업에 의거하여 논의해 보도록 하자. 계급투쟁이 격렬하던 시기에 러시아에서 공연된 이 희곡은 뜻밖에도 첨예한 혁명적 외침의 작품으로 관객에게 받아들여졌고, 스타니슬랍스키가 연기한 쉬토크만은 정치 영웅으로 변모하였다. 그는 이 공연을 다음과 같이 회상하고 있다.

> 역할 및 공연은 전혀 다른 방향과 보다 광범위한 사회 정치적인 의미와 색채를 띠게 되었다. (1권, 247쪽)

〈모스크바 예술극장〉에서 〈지혜의 슬픔〉, 〈밑바닥에서〉, 〈표트르 이오아노비치 황제〉 등과 같은 공연은 작품을 올린 후 관객이 받아들이는 정도에 의거하여 작품의 일관된 행동과 초목표는 항상 교정되고 갱신되어야 한다고 스타니슬랍스키는 요구했다.

물론 이것으로부터 극장은 작품의 사상적 반향에 대한 책임을 관객에게 돌려도 된다는 것은 아니다. 극장의 목표는 관객에게 순응하는 것이 아니라, 관객을 인도하는 것이다. 무대로 나온 배우는 무엇을 위해 공연이 만들어졌으며, 자신은 자신의 역할을 연기함으로써 무엇을 관객에게 알려줄 것인지를 명확하게 제시해야만 한다. 이 질문에 대한 답변은 리허설 작업의 전 과정을 통해 준비된다.

만약 희곡에 대한 연구를 시작하는 배우가 일차적으로 다른 사람의 의견에 도움을 받아 작품의 초목표에 대해 추측하고 판단할 수 있다면, 배우는 매우 유리한 위치에 있게 된다. 그리고 난 후, 희곡에 대한 심오한 인식과 함께 배우가 희곡 속에 제시된 사건과 인물에 대한 자신의 개인적인 태도를 탐지한다면, 3자 입장에서가 아니라 1인칭 시점에서 더욱 더 그것에 대해 판단할 권리를 획득하게 된다. 이러할 때 배우의 창조는 점차적으로 극작가의 창조와 합쳐지게 되고, 작품의 최종적인 창작 목표는 점점 더 분명해진다.

스타니슬랍스키가 창조의 사상적 내용을 뜻하는 '초목표'라는 용어를 도입한 것은 우연이 아니다. 그에게 있어서 초목표는 예술가의 내적 필요성, 갈망, 파토스에 의해 제기된 사상이다. 그러나 초목표는 반드시 초목표로의 정서적 관계를 전제로 한다. 초목표로써의 사상은 이성의 측면에 놓이고, 이때 이성은 인간의 본질 전체를 아우르지 못하는 논리적인 범주로써 존재한다.

인물형상의 삶이 배우와 역할의 결합에서 잉태된다는 점을 인정한다면, 이로부터 인물형상의 초목표는 3자 입장에서 배우에게 강요될 수 없다는 점을 알 수 있을 것이다. 그리하여 인물형상의 초목표는 희곡에 대한 배우 자신의 이해 및 정서적 기억의 보유량에 따라 배우에게 납득되어야만 하는 것이다. 물론 연출가는 모든 배우들의 창조성을 결합하여 희곡에 대한 하나의 이해로 통합해 나가야만 된다. 그러나 희곡의 초목표는 작품을 만드는 사람들의 집단 작업과정에서 드러나는 것이지 연출가 혼자만이 고안해 내는 것은 아니다. 이에 대해 스타니슬랍스키는 연출가들에게 다음과 같이 말하였다.

만약 당신 혼자서 초목표를 생각해 낸다면, 그것은 형식상으로는 옳겠지만 삶에서는 옳지 않다. 그들(배우) 스스로 당신에게 암시할 것이다. '도 대체 목표는 어디에! 어디에서 찾는 거야!' 배우들과 함께 그것을 찾아보라.[20)

체홉의 희곡 작법에 대하여 스타니슬랍스키는 이미 새롭게 연구를 시작하였다. 스타니슬랍스키는 만약 자신이 예전의 역할로 다시 무대에 서게 된다면 체홉에 대한 이전의 이해는 힘들 것이라고 말한 바 있다. 그런데 젊은이들과 작업하면서 체홉의 작품에서 젊은 배우들의 마음속에 반향을 불러일으킨 것은 어떤 것인지, 현재 그들에게 낯설고 이해되지 않는 것이 무엇인지 관찰하면서 스타니슬랍스키는 자신이 좋아하는 작가를 새로운 눈으로 볼 줄 알게 되었다.

예를 들면 체홉의 동시대인들은 다가오는 사회개혁에 대한 꿈을 가지고 살았는데, 체홉 작품의 첫 번째 배우들도 이러한 꿈에 물들어 있었다. 그러나 이러한 사상은 이전과 같은 힘으로 현재의 배우와 관객들을 흥분시킬 수 없었다. 그럼에도 불구하고 삶의 저속함과의 투쟁, 행복과 아름다운 미래에 대한 꿈은 아버지와 할아버지 세대에서처럼 우리 동시대인들에게도 친밀하고 이해 가능한 것이다. 즉 희곡이 무대에서 새로운 삶을 획득하기 위해서 작가의 초목표는 배우와 관객의 초목표와 유기적으로 결합되어야만 한다는 것이다.

이전 작품을 새롭게 현대적으로 읽어야 할 필요성이 제기된다면, 핵심은 당면한 문제를 작품 속에 인위적으로 도입해야 하는 것이 아니라 오늘날의 눈으로 작품을 다시 읽는 것이다. 그러면 현대인들을 결코 동요시키지 못하는 작품 내용들은 쇠퇴하거나 2선으로 물러나게 되고 다른 무엇

---

20) 스타니슬랍스키, 『논고, 말, 담화, 편지』, 684-685쪽

인가가 새롭게 등장할 것이다.

30년대 초반 스타니슬랍스키는 오스트롭스키의 희곡『천재와 숭배자』를 작업하고 있었는데, 이것은 그의 조교들에 의해 준비가 대충 된 상태였다. 네기나 역할의 일관된 행동을 점검하면서, 스타니슬랍스키는 네기나가 페차도(그의 사랑은 소중히 여기면서도), 벨리카도프도(비록 남자로서는 그녀의 마음에 들지만) 깊이 사랑하지 않는다는 사실에 대해 언급하였다. 네기나의 유일한 진짜 욕망은 바로 예술, 연극에 대한 사랑이며, 이것을 위해서라면 그녀는 모든 것을 다 희생할 준비가 되어 있다. 네기나 역을 맡은 여배우 A.K. 타라소바는 페차에 대한 자신의 사랑을 주장하며, 스타니슬랍스키에게 이 역할로 명성을 떨친 M.I. 예르몰로바 또한 예술에 봉사하기 위해 개인의 행복을 거부하는 것으로 이 역할을 해석했다는 사실을 상기시켰다. 이에 관해 스타니슬랍스키는 다음과 같이 언급했다.

나는 그러한 대립을 이해하지 못해요. 진정한 배우에게 있어서 개인적인 행복은 단지 가정생활에만 있는 것인가요? 천재적인 화가의 예술에 대한 사랑은 다른 모든 사랑을 보호할 수는 없는가요? 네기나가 예술에 봉사하기 위해 페차에 대한 사랑을 희생했다면, 예술은 그녀의 진정한 사랑이라 할 수 있습니다. 무대에서 천재적인 여자의 삶을 보여주는 것 ─이것은 단순히 사랑에 빠진 아가씨의 심리를 보여주는 것과 동일하지 않아요. 나는 이 역할을 한 예르몰로바를 기억합니다. 그녀가 이것을 어느 정도 달리 이해했다고 가정하더라도 시대가 달랐습니다. 예르몰로바는 그 당시 사람들을 흥분시켰던 점을 강조하고자 했고, 그 당시에는 여성해방, 즉 남자와 평등하게 교육을 받고 사회활동을 할 권리에 대해 이야기하고 있습니다. 만약 여자가 여배우라는 직업을 위해 가족을 희생했다면 그것은 엄청난 센세이션이었을 것이며, 만약 여배우가 시집을 간다면 그녀는 무대를 잃었을 것입니다. 스넬코바(모스크바 무대에서 〈뇌우)의 카첼리나 역의 첫 번째 배우)를 그 예로 들 수 있어요. 지금은 이 모든 것이 변하였고, 여자가 직업을 가진다고 해서 놀라는 사람은 아무도 없습니다. 그러므로 어제 식으로가 아니라, 오늘 식으로 오스트롭스키에 접근할 필요가 있습니다.

이러한 예는 '오늘날의 단면'에서 스타니슬랍스키 자신이 이것에 대해 어떻게 말하였는지, 희곡의 초목표의 결정을 위하여 스타니슬랍스키는 어떻게 접근했는지 언급하고 있다.

〈천재와 숭배자〉의 리허설은 스타니슬랍스키가 역할에 대한 작업의 완결 시기에 역할의 일관된 행동의 선명함과 확장이라고 명명한 것에 대하여 많은 살아 있는 도해를 제공하고 있다. 네기나의 일관된 행동은 예술에 대한 극복할 수 없는 갈망으로 결정되었다. 그녀는 이것을 위해 모든 희생을 감수했으며, 심지어 그녀의 관점에서는 범죄행위인 벨리카토프와의 관계로까지 나아갔다. 이에 대해 A.K. 타라소바는 문제를 제기했다.

－어떻게 이 모든 것을 관객에게 가져가지요? 오스트롭스키에게는 일관된 행동의 의미가 명확하지 않고, 또한 충분히 말하지 못한 것들이 너무 많아요.
－모든 것이 금방 명확해지는 희곡은 아무데도 쓸모가 없어요. 스타니슬랍스키가 대답했다. 그러나 이 모든 것을 가져갈 것인가는 연구해 봅시다. 괜찮은 여배우와 천재적인 여배우 사이에는 어떤 차이점이 있을까요? 자, 상상해 보세요. 여기 괜찮은 화가가 그림을 그렸는데, 거기에는 자연이 올바르게 전달되어 있긴 하지요. 그러나 천재가 그림에 붓 칠을 하자 모든 것이 생기를 띄었어요. 대단한 배우는 희곡의 암시로부터 어떤 장면을 대단한 장면으로 발전시킬 수 있고, 역할의 선(line)속의 간

이역을 엄청난 역으로 바꿀 줄 압니다. 모든 역할은 두 세 번의 휴지로 새롭게 연기되고, 이는 관객에게 삶 전체를 상기시키기도 합니다. 이것을 배우도록 합시다. 편지를 읽는 당신의 장면은 휴지를 가지고 만들어져야만 합니다. 휴지는 일상적인 논리를 부수고, 새롭고 비일상적인 논리를 건설할 수 있는 것이면 아무데서나 만들어질 수 있습니다.

—달리 말하면, 휴지로 극작가의 논리를 부수고, 그것을 다르게 증명해도 된다는 건가요? 타라소바가 다시 물었다.

—어떤 극작가인지에 따라서 만약 배우가 작가보다 강하다면, 휴지를 통해 희곡에 없는 것을 마저 쓸 수 있겠지요. 그 경우 핵심은 희곡의 말이 우리에게 주는 것을 심화시키고 확장시킨다는 것이지요. 스타니슬랍스키는 희곡 한 부를 달라고 요청하였다. 그는 벨리카토프의 편지를 읽는 장면 뒤에 오는 텍스트를 훑어보고는 말했다. 여기 구절이 있네요. '그렇게…… 나를 사랑하라.' 만약 '그렇게'라는 단어 뒤에 말줄임표가 없었다면, 이 구절은 아무것도 설명해주지 못합니다. 말줄임표가 무엇일까요? 이것은 '그렇게'라는 단어의 의미를 해독해야만 하는 휴지입니다. 그 다음 두 개의 대답이 진행되는 동안 오스트롭스키는 휴지를 두 번이나 표시하고 있습니다. (그러나 오스트롭스키가 휴지를 남용하지는 않습니다.) 즉 네기나의 말 다음의 것은 무슨 의미인가? '아, 도대체 이게 무슨 일이람!' (헤엄치는 백조라니!)입니다.

—그것은 돈나 판첼레예브나가 딸과의 미묘한 대화에 앞서 휴지를 지탱하고 있는 겁니다. 그녀는 재차 물었다.

—그것은 기초적인 논리에요. 다른 것을 상상해 보세요. '도대체 이게 무슨 일이람!'이라는 말속에 네기나는 엄마로부터 떨어져 나갑니다. (그녀와 이야기조차 하고 싶지 않다.) 그 다음 의심의 그림자, 망연자실, 새로운 부정과 새로운 의심이 나타나고 그리고 마침내 엄마에게 천천히 걸어옵니다. 그녀에게는 보다 새로운 근거가 필요했으며, 죄의 부담을 나누어질 누군가가 필요했습니다…… 그 다음 뒤이어 오는 말 '기억해요, 그 사람이 뭐라고 했는지, 아니, 나의 페차가!' 이 요구하는 완전히 다른

음조로 이동하기 위해 '도대체 이것이 '일'인가? 이것은 정말이지 수치야!'라는 말 다음에 항의의 폭발과 침묵 장면이 옵니다. 여기서는 폐차에게 미치도록 끌립니다. 그 다음, '나를 방해하지 마세요.'라는 말과 함께 새로운 휴지가 발생하면 눈으로 요청하고 설득하는 것을 계속하세요. 그 다음, 엄마가 반대하지 못하도록 그녀에게 몸을 던지고 입을 맞추세요.

이렇게 연출가 스타니슬랍스키는 희곡의 일관된 행동의 선을 명확하게 만든다. 아울러 그는 배우의 주의를 다른 곳으로 돌리거나, 일관된 행동으로부터 다른 방향으로 배우를 데려갈 수 있는 모든 것에 대항하여 싸웠고, 아울러 희곡을 지저분하게 만드는 불필요한 층(부가적 특징)을 제거하였다. 리허설 중에 그는 배우에게 물었다.

—왜 돈나 판첼라예브나가 여기서 탁자위의 찻잔을 옮겨 놓았을까요?
—당신이 말한 것처럼, 신체적 행동의 진실을 만들기 위해서가 아닐까요? 이 역할의 배우가 대답했다.
—공통의, 일관된 행동의 궤도에 들어가게 되는 신체적 행동만 필요합니다. 그렇다면 여기서 찻잔은 왜?
—그것은 탁자에 앉아 있는 나의 모습에 다양함을 주기 위해서입니다.
—다양성과 관객의 재미를 위해서라면 다른 많은 것을 생각해 낼 수도 있을 겁니다. 예를 들어, 원한다면 나는 무대에 있는 당신에게 이 장면에서 고양이 한 마리를 들여보낸다면 당신은 그것을 잡을 것인가요?
—아니요. 그리고 싶지 않아요.
—왜죠? 그것이 당신을 핵심으로부터, 즉 일관된 행동으로부터 관심을 다른 곳으로 돌리게 만들기 때문입니다.

작품의 초목표는 각각의 등장인물들의 초목표를 명확히 하는데 도움을 주고 이것을 근거로 등장인물의 행동의 선을 교정할 수 있다. 일관된 행동의 드러냄과 초목표를 촉진하는 모든 것은 발전되고 공고히 되어야만 한다. 그러나 그것으로부터 다른 방향으로 인도하는 모든 것은 과감하게 잘라내어야 한다. 그것은 내적으로 정당화되어야 하는 것이지 흥미 있고, 표현력으로 일관된 것이 아닌 것으로 발전되어야 한다. 이러한 측면에서 셰익스피어의 유언은 반박의 여지가 없다.

> 감정이 아무리 옳다고 하더라도 일관된 사상의 경계선을 넘지 못한다면 모든 예술의 공통법인 조화가 아니다.

어느 날 쉐프킨은 파무소프를 연기하며 차츠키의 마지막 폭로하는 독백을 듣고 있었는데, 차츠키가 심하게 '열의에 차서', '그의 말 각각에' 반응을 하기 시작했으며 이로 인해 관객석의 웃음을 자아냈다. 쉐프킨은 이로부터 모든 장면이 뒤틀리기 시작했다.

> 나는 그때 이것은 실수라고 생각했기에 조심스럽게 나의 감정에 잠겼으며, 특히 파무소프가 중요한 역할이 아닌 장면에서는 더욱 그러했다. 자연스러움과 진실된 감정은 예술에서는 필수적인 것이지만, 공통의 사상이 허용하는 한도 내에서이다.[21]

쉐프킨의 이러한 진술에는 미학적 측면에서뿐만 아니라 윤리적 측면에서도 중요한 생각이 내포되어 있다. 작품의 조화, 작품의 예술적 완전성은 작품의 모든 구성요소 및 배우의 내적 체험 자체가 공통의 사상에 또

---

21) M.C. 쉐프킨, 『메모, 편지, 쉐프킨의 동시대인』, 234쪽

는 작품의 초목표에 복종하느냐에 달려있다. 만약 배우가 그 순간 작품의
주된 목표의 달성에 방해가 된다면, 배우는 개인의 '성공'을 양보할 줄 알
아야만 한다.

동일 인물의 초목표에 대해서도 다양한 방법으로 접근할 수 있을 것이
다. 만일 두 배우가 작품에서 동일한 역할을 수행한다면, 서로를 모방하
려고 하지 않고 그들은 자신의 개성에 따라 서로 다른 형상을 만들어야
한다. 즉 각자 자기 방식으로 역할의 일관된 행동을 수행해야 한다. 어느
날, L.M. 레오니도프가 스타니슬랍스키에게 다음과 같은 질문을 던졌다.

   -당신은 작가가 암시한 초목표를 알아차리고 있습니다. 그러나 예를
   들어 우리 둘 다 시장을 연기한다면, 우리에게는 당연히 하나의 초목표
   가 있어야만 합니까?
   -동일한 거라고 생각합니다. 스타니슬랍스키가 대답했다. 그러나 당신
   에게 있어서 초목표는 다소 다릅니다. 당신에게는 초목표가 장밋빛-푸른
   색이 도는 것이겠지만, 나에게 있어서 초목표는 장밋빛-연두색이 도는
   것(초록색에 가까운 색)입니다.
   -우리는 서로 다른 복도로 들어가지만 하나를 향해 도착한다고요?
   -당신의 생각이나 나의 생각은 하나입니다. 차이가 있는 것은 이것이
   바로 당신이나 나의 삶을 통해 정서적 기억의 차이이기 때문입니다.
   -시장의 삶으로부터?
   -그것은 이미 당신의 삶이 되었습니다. 그러나 당신의 삶 속에서 반영
   된 것과 나의 삶 속에서 반영된 것과는 어느 정도 다를 것입니다.[22]

만약 초목표와 일관된 행동을 극작가에 의해 영원히 제시된 어떤 것이
라고 간주한다면, 연극예술은 자신의 발전 속에서 멈추었을 것이다. 그러

---

22) 스타니슬랍스키, 『논고, 말, 대화, 편지』, 685쪽.

나 다행히도 그렇지 않다. 셰익스피어가 만든 한 명의 '햄릿'이 존재한다면, 배우들이 만든 수천의 '햄릿' 또한 존재하기 때문에 이처럼 배우에 의해 특별하고 용량이 큰 작품과 형상의 모든 새로운 측면들이 펼쳐질 수 있을 것이다.

초목표와 일관된 행동의 개념은 스타니슬랍스키의 시스템 전체에서 또는 그의 창조 메소드에서 가장 중요한 본질이다. 이와 관련하여 스타니슬랍스키는 므하트의 배우들에게 이렇게 말하고 있다.

우리에게 명확하고 흥미로운 초목표 및 초목표를 향해 가고 있는 일관된 행동이 있는 그러한 희곡을 우리는 사랑합니다. 나는 이 구절로써 모든 질문에 대해 답하고자 합니다. 여기에 모든 것이 담겨있습니다. 여기에 각 부분의 조화도, 여기에 좋은 배우와 작품에 대한 이해도 있습니다. 수많은 초목표를 생각해낼 수도 있지만 모든 목표가 우리를 유기적인 본질로 이끌어주지는 않으며, 모든 목표가 배우와 역할의 필수적인 결합을 제공하지도 않습니다. 이것을 모든 것의 기반으로 삼아야하고, 여러분은 이것으로부터 떠나지 말아야 합니다. 나는 수없이 작업하고 있는데 더 이상 아무것도 없다고 생각합니다. 초목표와 일관된 행동 − 이것이 바로 예술의 핵심입니다. (『논고, 말, 대화, 편지』. 656쪽)

5

공개 발표

졸업 공연은 연극학교에서 4년간의 교육과정을 거쳐 지나 온 모든 것에 대한 결론을 도출하는 것이다. 그러므로 4학년 프로그램에 따른 특정의 시험을 치러야 할 필요성은 없다. 학생들이 획득한 모든 전문적인 지식과 숙련은 어떻든 간에 그들이 수행하는 졸업 공연에 드러나게 되기 때문이다. 졸업 공연의 준비를 위해 연출가-교육자를 포함한 화술 및 무대동작 교육자도 초청되고, 필요에 따라 문학, 역사-관습 예술 강좌학의 교육자들도 초청된다.

졸업 작품 각각은 연기전공 교육자들이 사전에 훑어보고 연출 교육자와 논의한 후, 국가시험에 포함시키기 위한 학년 중 최고의 작품을 추천한다. 국가시험에는 보통 두세 개의 작품이 추천되는데, 이 작품들은 관객에게 사전에 시연된다.

레파토리 작품은 4학년 학생 각자가 적어도 두 가지 역할을 맡는데, 그 속에서 자신의 재능의 다양한 측면을 드러낼 수 있도록 선택한다. 만약 4학년 과정의 학생 레파토리 작품이 이러한 요구사항을 만족시키지 못한다면, 다른 레파토리 작품에서 별로 바쁘지 않은 학생들이 자신을 추가적으로 보여줄 수 있는 개별적인 막, 장면, 희곡의 단편 등이 국가시험에 해당될 수 있다. 그러나 이러한 결정은 어디까지나 타협적인 것임을 인정해야 한다. 왜냐하면 그것은 희곡 전체에 걸쳐 일관된 행동의 선을 유지한 채 작품 속에서 역할을 수행하는 4학년의 교육과정에 모순되기 때문이다.

국가시험 위원회의 구성원은 연극학교가 속한 관할의 문화부에 의해 확정된다. 위원회의 위원장은 일반적으로 해당 교육기관과 연관이 없는 극장의 권위 있는 예술가 중에 한 명이 임명된다. 그는 학교의 졸업생들과 처음으로 인사를 나눈다. 그러므로 그에게는 자신의 학생들이 아니기 때문에 해당 학교의 교육자에게 발생할 수도 있는 애착이나 편견이 없다. 위원회의 구성원에는 학교 대표자, 연극 강좌를 이끄는 사람, 선임 연극 교육자들 또한 포함된다. 만약 학생들 작업에 대한 평가 시, 위원회 회원의 투표가 반반으로 나뉘면 위원장의 의견이 결정권을 갖는다.

졸업 작품을 관람한 후, 시험 위원회는 해당 학년의 4년간의 작업 결과 및 각각의 학생들을 개별적으로 평가한다. 오늘 학생을 평가하는 것은 내일의 배우를 평가하는 것이므로 그들의 무대적 자료의 전체, 즉 배우적 가능성, 기질의 자질, 무대적 매력의 성격, 배우적 영역의 폭, 전문적인 성숙도, 연극집단 속에서의 작업의 전망 등에 대해 관심을 기울인다.

그러나 위의 공통의 전문적인 평가 이외에도 보인 작품과 졸업 공연 참여자 각각이 학교의 예술적 원칙을 어느 정도 구현했는지를 평가하는 것 또한 중요하다. 하지만 이 원칙을 희곡의 성격, 연출적 구상의 특성,

시대의 미학적 취향에 따라 끊임없이 변모하는 작품의 특징 형식 및 연기 방식과 결코 동일시해서는 안 된다. 따라서 핵심은 내적 체험의 예술의 배우에게 제시된 창조방법, 배우 기술과 관련한 기본 요구사항에 대한 것이다.

학생들의 작품을 평가 시, 학생이 자신의 연기로써 작품의 전반적인 구상을 구현하면서 조화 속에 창조를 할 수 있는가, 무대에서 실행된 상호관계의 과정은 얼마나 유기적인가, 구축된 인물형상은 얼마나 전형적이고 개인적으로 독창적인가, 역할의 일관된 행동을 어떻게 펼치는가, 예술적 과제의 해결에 있어서 학생이 어느 정도 독립적이며 주도적인가, 무대에서 그리고 무대 뒤에서 자신의 행동으로써 작품의 우호적이고 창조적인 분위기 형성에 기여했는가, 마지막으로 무대 예술의 미래 활동가로서의 윤리-도덕적 및 사회적 모습은 어떤가 등을 명료하게 이해하는 것이 중요하다.

볼만한 공연을 극장에서 볼 때, 배우의 전문적 능력, 배우의 연기 기술이 우리를 매혹 시킨다. 그러나 우리는 배우 자신의 인간적 자질이나 그의 관점, 세계관 등을 알 길이 없다. 즉 이 경우 우리가 지각한 예술의 결과는 그 결과를 만든 사람의 인물됨과는 직접적인 연관이 없다는 것이다. 하지만 형상이 창조하는 배우의 몸과 정신의 살아 있는 요소로부터 형성된다면, 그것은 전적으로 다른 것이 된다. 내적 체험의 배우는 각각의 새로운 역할에 자기 자신의 개성을 쏟아 붓는다. 결과적으로 그의 개인적인 갈망, 그의 삶에 대한 시야의 폭은 작가의 구상에 대한 통찰의 정도와 배우가 만든 형상의 정신적인 내용의 풍부함에 따라 결정된다.

창조를 위한 높은 목표, 이것을 향한 배우의 착상과 갈망, 스타니슬랍스키는 이것을 초-초목표로 명명했다. 관객에게 미치는 영향의 힘과 깊이, 배우의 사회적, 미학적 의의는 이것에 달려 있다. 예술가의 초-초목표는 자기 자신에 대한, 그리고 자신의 창조결과에 대한 엄격함을 결정하도록 한다. 초-초목표는 형상 구현의 초목표, 형상에 대한 이해, 평가와 직접적인 관련이 있다. 이것은 결국 창조적 무의식 또는 배우에게 최고의 기쁨을 선사하는 영감의 영역과도 관련이 있는 것이다.

내적 체험의 예술에서 초-초목표를 위하여 모든 것을 통합한다는 의미는 예술가의 세계관, 전문적 교육과 사상적, 미학적 교육의 목표와의 관계에 대한 것이다. 이것은 서로 밀접하게 상호관련 되어 있으므로 우리의 예술 방향성 속에서 윤리적인 것에서 미학적인 것을, 배우-사람으로부터 배우-예술가를 분리해주는 어떤 경계선을 만드는 것은 실제적으로 불가능하다.

초-초목표는 배우의 삶의 전체 기간 속에서 이루어지며, 보통 예술가의 예술적 성숙기에 분명해진다. 그러나 학교는 학생들에게 예술의 근본만 교육하는 것이 아니라, 그들에게 차후 예술에 대한 성장 및 완성도를 위한 여정 또한 가르쳐주어야 할 사명이 있다. 그러므로 교육 작업은 예술에 대한 선구적인 메소드를 통해 미래의 예술가의 창조적 재능, 그의 인물됨, 그의 문화와 세계관, 그의 심연 등의 발전을 위해 가능한 모든 것들이 지난 4년간 모두 실행되었는가 하는 것을 평가하는 것이 중요하다.